TOWER HAMLETS

91 000 001 055 08 6

D0230738

| TOWER HAMLETS LIBRARIES | |
| --- | --- |
| 91000001055086 | |
| Bertrams | 21/12/2011 |
| 448.242 | £9.99 |
| THISWM | TH11002036 |

# French

## Complete Revision and Practice

**Danièle Bourdais, Sue Finnie**

Published by BBC Active, an imprint of Educational Publishers LLP, part of the Pearson Education Group Edinburgh Gate, Harlow, Essex CN20 2JE, England

Text copyright © Danièle Bourdais and Sue Finnie 2010

Design & concept copyright © BBC Active 2010

BBC logo © BBC 1996. BBC and BBC Active are trademarks of the British Broadcasting Corporation

The rights of Danièle Bourdais and Sue Finnie to be identified as authors of this Work have been asserted by them in accordance with the Copyright, Designs and Patents Act, 1988.

All rights reserved. No part of this publication may be reproduced, stored in a retrieval system or transmitted in any form or by any means electronic mechanical, photocopying, recording, or otherwise, without either the prior written permission of the publishers and copyright owners or a licence permitting restricted copying in the United Kingdom issued by the Copyright Licensing Agency Ltd., Saffron House, 6–10 Kirby Street, London EC1N 8TS.

**ISBN 978-1-4066-5440-0**

Printed in China CTPSC/02

First published 2002

This edition 2010

Second impression 2011

WITHDRAWN

**Minimum recommended system requirements**
PC: Windows(r), XP sp2, Pentium 4 1 GHz processor (2 GHz for Vista), 512 MB of RAM (1 GB for Windows Vista), 1 GB of free hard disk space, CD-ROM drive 16x, 16 bit colour monitor set at 1024 x 768 pixels resolution
MAC: Mac OS X 10.3.9 or higher, G4 processor at 1 GHz or faster, 512 MB RAM, 1 GB free space (or 10% of drive capacity, whichever is higher), Microsoft Internet Explorer® 6.1 SP2 or Macintosh Safari™ 1.3, Adobe Flash® Player 9 or higher, Adobe Reader® 7 or higher, Headphones recommended

If you experiencing difficulty in launching the enclosed CD-ROM, or in accessing content, please review the following notes:
**1** Ensure your computer meets the minimum requirements. Faster machines will improve performance.
**2** If the CD does not automatically open, Windows users should open 'My Computer', double-click on the CD icon, then the file named 'launcher.exe'. Macintosh users should double-click on the CD icon, then 'launcher.osx'
Please note: the eDesktop Revision Planner is provided as-is and cannot be supported.
For other technical support, visit the following address for articles which may help resolve your issues:
http://centraal.uk.knowledgebox.com/kbase/

If you cannot find information which helps you to resolve your particular issue, please email: Digital.Support@pearson.com.
Please include the following information in your mail:
- Your name and daytime telephone number.
- ISBN of the product (found on the packaging.)
- Details of the problem you are experiencing - e.g. how to reproduce the problem, any error messages etc.
- Details of your computer (operating system, RAM, processor type and speed if known.)

# Contents

Exam board specification map      iv

Acknowledgements      v

Introduction      vi

Topic checker      viii

## Lifestyle

| | |
|---|---|
| Personal details – vocabulary | 2 |
| Personal details | 4 |
| Healthy living – vocabulary | 6 |
| Healthy living | 8 |
| Sport – vocabulary | 10 |
| Sport | 12 |
| Food and drink – vocabulary | 14 |
| Food and drink | 16 |
| Teenage issues – vocabulary | 18 |
| Teenage issues | 20 |

## Leisure and travel

| | |
|---|---|
| Free time – vocabulary | 22 |
| Free time | 24 |
| Media – vocabulary | 26 |
| Media | 28 |
| Shopping and fashion – vocabulary | 30 |
| Shopping and fashion | 32 |
| Holidays – vocabulary | 34 |
| Holidays | 36 |
| Getting around – vocabulary | 38 |
| Getting around | 40 |

## Home and environment

| | |
|---|---|
| My home – vocabulary | 42 |
| My home | 44 |
| Special occasions – vocabulary | 46 |
| Special occasions | 48 |
| My town – vocabulary | 50 |
| My town | 52 |
| Environmental issues – vocabulary | 54 |
| Environmental issues | 56 |

## School and jobs

| | |
|---|---|
| School – vocabulary | 58 |
| School | 60 |
| Studies – vocabulary | 62 |
| Studies | 64 |
| Jobs and money – vocabulary | 66 |
| Jobs and money | 68 |
| Future career – vocabulary | 70 |
| Future career | 72 |

## Listening practice

| | |
|---|---|
| Foundation | 74 |
| Higher | 78 |

## Exam questions and model answers

| | |
|---|---|
| Listening | 82 |
| Speaking | 84 |
| Reading | 87 |
| Writing | 89 |
| | |
| Complete the grammar | 91 |
| Answers | 96 |
| Transcripts | 100 |
| Web links | * |
| Last-minute learner | 103 |

\* Only available in the CD-ROM version of the book.

# Exam board specification map

Provides a quick and easy overview of the topics you need to study for the examinations you will be taking.

| Topics | AQA | CCEA | Edexel | OCR | WJEC |
|---|:---:|:---:|:---:|:---:|:---:|
| **Lifestyle** | | | | | |
| Personal details vocabulary | ✓ | ✓ | ✓ | ✓ | ✓ |
| Personal details | ✓ | ✓ | ✓ | ✓ | ✓ |
| Healthy living vocabulary | ✓ | ✓ | ✓ | ✓ | ✓ |
| Healthy living | ✓ | ✓ | ✓ | ✓ | ✓ |
| Sport vocabulary | ✓ | ✓ | ✓ | ✓ | ✓ |
| Sport | ✓ | ✓ | ✓ | ✓ | ✓ |
| Food & drink vocabulary | ✓ | ✓ | ✓ | ✓ | ✓ |
| Food & drink | ✓ | ✓ | ✓ | ✓ | ✓ |
| Teenage issues vocabulary | ✓ | ✓ | ✓ | ✓ | ✓ |
| Teenage issues | ✓ | ✓ | ✓ | ✓ | ✓ |
| **Leisure and travel** | | | | | |
| Free time vocabulary | ✓ | ✓ | ✓ | ✓ | ✓ |
| Free time | ✓ | ✓ | ✓ | ✓ | ✓ |
| Media vocabulary | ✓ | ✓ | ✓ | ✓ | ✓ |
| Media | ✓ | ✓ | ✓ | ✓ | ✓ |
| Shopping & fashion vocabulary | ✓ | ✓ | ✓ | ✓ | ✓ |
| Shopping & fashion | ✓ | ✓ | ✓ | ✓ | ✓ |
| Holidays vocabulary | ✓ | ✓ | ✓ | ✓ | ✓ |
| Holidays | ✓ | ✓ | ✓ | ✓ | ✓ |
| Getting around vocabulary | ✓ | ✓ | ✓ | ✓ | ✓ |
| Getting around | ✓ | ✓ | ✓ | ✓ | ✓ |
| **Home & environment** | | | | | |
| My home vocabulary | ✓ | ✓ | | ✓ | ✓ |
| My home | ✓ | ✓ | | ✓ | ✓ |
| Special occasions vocabulary | ✓ | ✓ | | ✓ | ✓ |
| Special occasions | ✓ | ✓ | | ✓ | ✓ |
| My town vocabulary | ✓ | ✓ | ✓ | ✓ | ✓ |
| My town | ✓ | ✓ | ✓ | ✓ | ✓ |
| Environmental issues vocabulary | ✓ | ✓ | | ✓ | ✓ |
| Environmental issues | ✓ | ✓ | | ✓ | ✓ |

| Topics | AQA | CCEA | Edexel | OCR | WJEC |
|---|:---:|:---:|:---:|:---:|:---:|
| **School and jobs** | | | | | |
| School vocabulary | ✓ | ✓ | ✓ | ✓ | ✓ |
| School | ✓ | ✓ | ✓ | ✓ | ✓ |
| Studies vocabulary | ✓ | ✓ | ✓ | ✓ | ✓ |
| Studies | ✓ | ✓ | ✓ | ✓ | ✓ |
| Jobs and money vocabulary | ✓ | ✓ | ✓ | ✓ | ✓ |
| Jobs and money | ✓ | ✓ | ✓ | ✓ | ✓ |
| Future career vocabulary | ✓ | ✓ | ✓ | ✓ | ✓ |
| Future career | ✓ | ✓ | ✓ | ✓ | ✓ |
| **Listening practice** | | | | | |
| Foundation | ✓ | ✓ | ✓ | ✓ | ✓ |
| Higher | ✓ | ✓ | ✓ | ✓ | ✓ |
| **Exam questions and model answers** | | | | | |
| Listening | ✓ | ✓ | ✓ | ✓ | ✓ |
| Speaking | ✓ | ✓ | ✓ | ✓ | ✓ |
| Reading | ✓ | ✓ | ✓ | ✓ | ✓ |
| Writing | ✓ | ✓ | ✓ | ✓ | ✓ |

## Acknowledgements

Shutterstock – all images used under licence from Shutterstock.com. Individual images © 2009 to artist or photographer as follows: p8 (top right) Suzanne Tucker, (centre bottom) Stuart Monk, (left) Elena Elisseeva, (bottom right) Valua Vitaly; p10 cynoclub; p12 (1) tior, (2) grivina, (3) Cindy Hughes, (4) Vallentin Vassileff, (5) Dawn Hudson, (6) patrimonio designs limited, (7) imageZebra, (8) Liusa; p13 Dyonisos Design; p14 Joao Virissimo; p18 Jose AS Reyes; p19 Martine Oger; p21 Mandy Godbehear; p24 (a) Davor Ratkovic, (b) joingate, (c) sabri deniz kizil, (d) Maria Bell, (e) Bienchen-s; p25 Gavel of Sky; p28 Jason Stitt; p32 (a)(b) Margo Harrison, (c) terekhov igor, (d) Glue Stock, (e)(f) Andrey Chmelyov ; p33 (left) Andrey Chmelyov, (right) Ustyujanin; p34 Iolaferari; p40 (bottom) p|s, p41 (left) Marc C. Johnson, (right) luchschen; p43 (top) Vladimirs Koskins, (bottom) Andreas G. Karelias; p44 (left) Jason Stitt, (middle) Yuri Arcurs, (right) koh sze kiat, (bottom) Andresr; p45 Andresr; p47 (top) Beneda Miroslav, (bottom) Robert Crum; p49 NZG; p51 Roman Krochuk; p54 Hugo de Wolf; p57 maxstockphoto; p59 Ana Blazic; p62 michaeljung; p63 Laurence Gough; p64 (top right) (middle right) Tracy Whiteside; p64 (top left) Dennis Owusu-Ansah, (middle left) Lev Olkha, (bottom left) Andresr, (bottom right) Andresr; p65 Elena Elisseeva; p67 (bottom right) Miguel Angel Salinas Salinas, (top right) Miguel Angel Salinas Salinas; p68 Edyta Pawlowska; p74 Antonio Jorge Nunes; p75 Konstantin Sutyagin; p77 (top) odze, (F2a) Anna Rassadnikova, (F2b) Sergey Lazarev, (F2c) Miguel Angel Salinas Salinas, (F4a,b,c) Katsiaryna, (F5a) Vallentin Vassileff, (F5b) Davor Ratkovic, (F5c) Gabrielle Ewart; p79 (2d) Michael Stokes, (2e) Mikael Damkier, (2f) Radu Razvan; p80 (1,2) designalldone, (3) Kolja, (4) Boguslaw Mazur, (5) Alex Kalmbach; p81 iofoto; p84 (top) williammpark, (middle) Michael Monahan, (bottom) farukkutlu.

specialist publishing services ltd – all images © 2009 specialist publishing services ltd: p31; p37 (top)(bottom); p39; p40 (top); p41 (middle); p60; p76; p79 (a)(b)(c); p85.

# Introduction

## How to use GCSE Bitesize Complete Revision and Practice

Begin with the CD-ROM. There are five easy steps to using the CD-ROM – and to creating your own personal revision programme. Follow these steps and you'll be fully prepared for the exam without wasting time on areas you already know.

**Topic checker**

### Step 1: Check

The Topic checker will help you figure out what you know – and what you need to revise.

**Revision planner**

### Step 2: Plan

When you know which topics you need to revise, enter them into the handy Revision planner. You'll get a daily reminder to make sure you're on track.

### Step 3: Revise

From the Topic checker, you can go straight to the topic pages that contain all the facts you need to know.

- Give yourself the edge with the WebBite buttons. These link directly to the relevant section on the BBC Bitesize Revision website.

- AudioBite buttons let you listen to more about the topic to boost your knowledge even further. *

### Step 4: Practise

Check your understanding by answering the Practice questions. Click on each question to see the correct answer.

**Exam Bite**

### Step 5: Exam

Are you ready for the exam? ExamBite buttons take you to an exam question on the topics you've just revised. *

**\* Not all subjects contain these features, depending on their exam requirements.**

## About this book

Use this book to help you revise whenever you prefer to work away from your computer.

## What's inside?

- Eighteen 4-page topic summaries. These cover all the essential topics for revision. They contain:

    - vocabulary lists, with phrases and sentences, as well as single words

    - useful strategies and tips to help you with your revision

    - reminders of key points of grammar

    - practice activities so you can revise in an active way. These cover speaking, reading and writing.

- A checklist (Topic checker) so you can test yourself to see how much you know. Think how great it will be to see a whole column of ticks!

- A section with lots of listening activities. You listen to the audios on the CD-ROM, complete the task and then check your answers. Transcripts are provided, too.

- Exam-style questions to get you in the mood for the listening and reading exams (Foundation and Higher tiers) and the speaking and writing controlled assessments. They come with lots of useful advice and some model answers.

- Activities to make sure you understand the nuts and bolts of the language.

- Answers to all the activities throughout the book.

- A detachable Last-minute learner. This is a condensed version of all the language you need to pass with flying colours. Keep it in your pocket and read it through whenever you have a spare moment.

## About the exam

## Get organised

You need to know when your exams are before you make your revision plan. Check the dates, times and locations of your exams with your teacher, tutor or school office.

## On the day

Aim to arrive in plenty of time, with everything you need: several pens, pencils, a ruler, and possibly mathematical instruments, a calculator or a language dictionary, depending on the exam subject.

On your way, or while you're waiting, read through your Last-minute learner.

## In the exam room

When you are issued with your exam paper, you must not open it immediately. However, there are some details on the front cover that you can fill in before you start the exam (your name, centre number, etc.). If you're not sure where to write these details, ask one of the invigilators (teachers supervising the exam).

When it's time to begin writing, read each question carefully. Remember to keep an eye on the time.

Finally, don't panic! If you have followed your teacher's advice and the suggestions in this book, you will be well prepared for any question in your exam.

# Topic checker

 **Go through these questions after you've revised a group of topics, putting a tick if you know the answer.**

## >> Lifestyle
### Personal details: pages 2–5

| | | |
|---|---|---|
| 1 | Can you give your name and nationality? | ☐ |
| 2 | Can you give your age and your date of birth? | ☐ |
| 3 | Can you count to sixty? | ☐ |
| 4 | Can you say who is in your family? | ☐ |
| 5 | Can you say what pet(s) you have? | ☐ |
| 6 | Can you describe what someone looks like? | ☐ |
| 7 | Can you name someone's good and bad qualities? | ☐ |
| 8 | Can you describe how you get on with a friend? | ☐ |
| 9 | Can you say what your ideal partner is like? | ☐ |
| 10 | Can you say something about your future plans regarding marriage? | ☐ |

### Healthy living: pages 6–9

| | | |
|---|---|---|
| 11 | Can you name ten parts of the body? | ☐ |
| 12 | Can you say your head/stomach aches? | ☐ |
| 13 | Can you say whether you feel fit or unfit? | ☐ |
| 14 | Can you name three things you do to keep healthy? | ☐ |
| 15 | Can you name three things you do that are unhealthy? | ☐ |
| 16 | Can you say how healthily you eat? | ☐ |
| 17 | Can you say what exercise you do? | ☐ |
| 18 | Can you say how often you exercise? | ☐ |

### Sport: pages 10–13

| | | |
|---|---|---|
| 19 | Can you name ten sports? | ☐ |
| 20 | Can you say what sport you like? | ☐ |
| 21 | Can you say what individual sport you do? | ☐ |
| 22 | Can you say what team sport you do? | ☐ |
| 23 | Can you say on which day of the week you do sport? | ☐ |
| 24 | Can you say how often you train? | ☐ |
| 25 | Can you say when you have competitions? | ☐ |
| 26 | Can you say for how long you've been doing a sport? | ☐ |

## Food and drink: pages 14–17

| | | |
|---|---|---|
| 27 | Can you name five fruits? | |
| 28 | Can you name five vegetables? | |
| 29 | Can you name three types of meat? | |
| 30 | Can you name five drinks? | |
| 31 | Can you name five quantities? | |
| 32 | Can you name the three main meals of the day? | |
| 33 | Can you name the three parts of a meal? | |
| 34 | Can you say what you normally eat at one of the main meals? | |
| 35 | Can you ask for an item of food or a drink? | |
| 36 | Can you give your opinion about a dish? | |
| 37 | Can you explain why you don't eat something? | |

## Teenage issues: pages 18–21

| | | |
|---|---|---|
| 38 | Can you say how you get on with your family/parents? | |
| 39 | Can you say what your family/parents are like? | |
| 40 | Can you say three things about life at home? | |
| 41 | Can you say young people sometimes feel depressed? | |
| 42 | Can you name three addictions that can affect teenagers? | |
| 43 | Can you say if you smoke or not? | |
| 44 | Can you say if you drink or not? | |
| 45 | Can you explain why you smoke/drink or why not? | |
| 46 | Can you say what you are addicted to (if anything!)? | |
| 47 | Can you name five social issues you may be concerned about? | |
| 48 | Can you think of six ways of giving your opinion? | |
| 49 | Can you say which social issues most concern you and why? | |

## >> Leisure and travel
### Free time: pages 22–5

| | | |
|---|---|---|
| 50 | Can you name six (non-sporting) indoor leisure activities? | |
| 51 | Can you name six (non-sporting) things to do when you go out? | |
| 52 | Can you say what you love doing in your spare time? | |
| 53 | Can you say what you hate doing? | |
| 54 | Can you say when/how often you watch TV? | |
| 55 | Can you explain why you like/don't like playing cards? | |
| 56 | Can you ask someone if they are free on Saturday evening? | |
| 57 | Can you invite someone to two different outings? | |
| 58 | Can you ask someone when and where to meet? | |

# Topic checker

## Media: pages 26–9

| | | |
|---|---|---|
| 59 | Can you say what you think the best TV programmes are? | |
| 60 | Can you name four more types of TV programme? | |
| 61 | Can you say who your favourite singer/group is? | |
| 62 | Can you say how you listen to music? | |
| 63 | Can you say the sorts of film you like? | |
| 64 | Can you say the sorts of film you don't like? | |
| 65 | Can you say the actors were great but the story was boring? | |
| 66 | Can you say you recently read a book about a family that took place in France? | |
| 67 | Can you say you would like a laptop or a mobile phone? | |
| 68 | Can you explain three things you do on a computer? | |

## Shopping and fashion: pages 30–3

| | | |
|---|---|---|
| 69 | Can you name eight shops? | |
| 70 | Can you name ten items of clothing? | |
| 71 | Can you name the colour of every item of clothing you are wearing? | |
| 72 | Can you say you are looking for a pair of black trousers? | |
| 73 | Can you ask if you can try them on? | |
| 74 | Can you ask how much something is and say it's too expensive? | |
| 75 | Can you describe what you wear to school? | |
| 76 | Can you explain what you wear on holiday? | |
| 77 | Can you say you prefer the casual look? | |
| 78 | Can you count from sixty to one hundred? | |

## Holidays: pages 34–7

| | | |
|---|---|---|
| 79 | Can you say where you would like to go during the holidays this year? | |
| 80 | Can you say you are going to spend three days in Paris? | |
| 81 | Can you say you went to Spain by plane last year? | |
| 82 | Can you say it was a great/dreadful journey? | |
| 83 | Can you say you went to the seaside? | |
| 84 | Can you say you visited a castle and bought souvenirs? | |
| 85 | Can you explain you booked two rooms on the Internet? | |
| 86 | Can you ask at a hotel if they have a room free for three nights? | |
| 87 | Can you ask if there is a lift? | |
| 88 | Can you say you went camping last year? | |
| 89 | Can you ask at the restaurant if they have a table for six people? | |
| 90 | Can you explain you don't have a knife/fork/spoon? | |
| 91 | Can you complain you ordered chicken, not pork? | |

| | | |
|---|---|---|
| 92 | Can you ask for the bill? | ☐ |

## Getting around: pages 38–41

| | | |
|---|---|---|
| 93 | Can you say you go to school by car? | ☐ |
| 94 | Can you say you took the underground? | ☐ |
| 95 | Can you name three more forms of transport? | ☐ |
| 96 | Can you name ten countries? | ☐ |
| 97 | Can you say the nationalities as well? | ☐ |
| 98 | Can you ask at the station for a single ticket to Calais? | ☐ |
| 99 | Can you ask what platform the train leaves from? | ☐ |
| 100 | Can you say these times in French, using the 24-hour clock: 10:15, 14:30, 18:00, 22:45, 23:05? | ☐ |
| 101 | Can you say that the train is late? | ☐ |
| 102 | Can you say you have lost your passport? | ☐ |
| 103 | Can you say someone has stolen your camera? | ☐ |

## >> Home and environment

### My home: pages 42–5

| | | |
|---|---|---|
| 104 | Can you name seven rooms in a house? | ☐ |
| 105 | Can you name eight pieces of furniture? | ☐ |
| 106 | Can you say what sort of house you live in? | ☐ |
| 107 | Can you say if you share a room or not, and, if so, with whom? | ☐ |
| 108 | Can you say the kitchen is on the ground floor? | ☐ |
| 109 | Can you name four different places you might live (town, seaside, etc.)? | ☐ |
| 110 | Can you name the four points of the compass (north, south, etc.)? | ☐ |
| 111 | Can you explain if it is quiet or noisy in your area? | ☐ |

### Special occasions: pages 46–9

| | | |
|---|---|---|
| 112 | Can you name four special occasions in the year? | ☐ |
| 113 | Can you say we celebrate New Year's Eve on the 31st December? | ☐ |
| 114 | Can you say Happy Christmas? | ☐ |
| 115 | Can you say it's a bank holiday? | ☐ |
| 116 | Can you say Easter is a religious festival? | ☐ |
| 117 | Can you say three things people do at a celebration? | ☐ |
| 118 | Can you say three things you did last Christmas? | ☐ |

### My town: pages 50–3

| | | |
|---|---|---|
| 119 | Can you say your town is touristy? | ☐ |

Topic checker

# Topic checker

| | | |
|---|---|---|
| **120** | Can you say your region is industrial? | ☐ |
| **121** | Can you name six facilities there are in your town? (*une gare*, etc.) | ☐ |
| **122** | Can you say there is no police station? | ☐ |
| **123** | Can you name four different types of weather conditions? | ☐ |
| **124** | Can you say what the weather is like where you live in the winter? | ☐ |
| **125** | Can you name the four seasons of the year? | ☐ |
| **126** | Can you say what the weather was like yesterday? | ☐ |
| **127** | Can you say it will be cold and cloudy tomorrow? | ☐ |
| **128** | Can you say there is a café at the corner of the street? | ☐ |
| **129** | Can you ask the way to the tourist office? | ☐ |
| **130** | Can you tell someone to take the first street on the right? | ☐ |
| **131** | Can you tell someone to cross the bridge? | ☐ |

## Environmental issues: pages 54–7

| | | |
|---|---|---|
| **132** | Can you name three environmental problems in your town? | ☐ |
| **133** | Can you explain four things you do to help the environment? | ☐ |
| **134** | Can you say you are not interested in environmental problems? | ☐ |
| **135** | Can you name three environmental problems facing the world? | ☐ |
| **136** | Can you say you are afraid of the effects of global warming? | ☐ |
| **137** | Can you say we need to protect the forests? | ☐ |
| **138** | Can you name three more things we ought to do to protect the environment? | ☐ |

## >> School and jobs
### School: pages 58–61

| | | |
|---|---|---|
| **139** | Can you name ten school subjects? | ☐ |
| **140** | Can you say what your favourite subjects are and why? | ☐ |
| **141** | Can you say two things you like about your school? | ☐ |
| **142** | Can you say it's one o'clock? | ☐ |
| **143** | Can you say it's a quarter past one? | ☐ |
| **144** | Can you say it's half past one? | ☐ |
| **145** | Can you say it's a quarter to one? | ☐ |
| **146** | Can you say when lessons start and finish? | ☐ |
| **147** | Can you say when you have breaks? | ☐ |
| **148** | Can you say whether bullying is a problem at your school? | ☐ |
| **149** | Can you name two other problems related to school which worry you? | ☐ |

## Studies: pages 62–5

| | | |
|---|---|---|
| 150 | Can you say what exams you are doing this year? | |
| 151 | Can you say what you're going to do after the GCSE exams? | |
| 152 | Can you say whether you will go into the sixth form next year? | |
| 153 | Can you say which subjects you'll take? | |
| 154 | Can you say what you hope to do in three years' time? | |
| 155 | Can you say what you'd like to study? | |
| 156 | Can you say you're going to leave school? | |
| 157 | Can you say you're going to do an apprenticeship? | |
| 158 | Can you say you'd like to study abroad? | |
| 159 | Can you say you'd like to take a gap year? | |
| 160 | Can you say you don't know what you want to do yet? | |

## Jobs and money: pages 66–9

| | | |
|---|---|---|
| 161 | Can you say whether you have a part-time job or not? | |
| 162 | Can you name six different part-time jobs? | |
| 163 | Can you say how often you do your part-time job? | |
| 164 | Can you say what you think of your part-time job? | |
| 165 | Can you say how much you get paid? | |
| 166 | Can you say who gives you pocket money and how much? | |
| 167 | Can you say whether you're saving or not? | |
| 168 | Can you say you do voluntary work? | |
| 169 | Can you say you went on work experience? | |
| 170 | Can you name five things you did on work experience? | |
| 171 | Can you name six workplaces? | |

## Future career: pages 70–3

| | | |
|---|---|---|
| 172 | Can you name ten jobs? | |
| 173 | Can you say what members of your family do for a living? | |
| 174 | Can you say what sort of summer job you'd want to do? | |
| 175 | Can you name six of your good qualities? | |
| 176 | Can you say you're the ideal candidate and explain why? | |
| 177 | Can you say you are experienced? | |
| 178 | Can you say what your ambitions are for the future? | |
| 179 | Can you say what your ideal job is? | |
| 180 | Can you name five good reasons you'd like to do that job? | |
| 181 | Can you name five drawbacks associated with that job? | |

Topic checker

# Personal details – vocabulary

## A Personal information

| | |
|---|---|
| Je m'appelle (Magali Lantier). | *My name's (Magali Lantier).* |
| Ça s'écrit L.A.N.T.I.E.R. | *That's spelt L.A.N.T.I.E.R.* |
| Je suis britannique/ écossais(e)/irlandais(e)/gallois(e)/ américain(e)/canadien(ne). | *I am British/Scottish/Irish/ Welsh/American/Canadian.* |
| J'ai quinze/seize ans. | *I'm 15/16 (years old).* |
| Mon anniversaire, c'est le (premier juin). | *My birthday's on the (1st June).* |
| Je suis né(e) le (21 mai) … | *I was born on the (21st May)…* |
| … en 1995 (mil neuf cent quatre-vingt-quinze). | *… in 1995.* |

**remember >>**

To form the feminine of an adjective, you usually add 'e' to the masculine.

| | | | | | | | |
|---|---|---|---|---|---|---|---|
| zéro | 0 | neuf | 9 | dix-huit | 18 | vingt-sept | 27 |
| un | 1 | dix | 10 | dix-neuf | 19 | vingt-huit | 28 |
| deux | 2 | onze | 11 | vingt | 20 | vingt-neuf | 29 |
| trois | 3 | douze | 12 | vingt et un | 21 | trente | 30 |
| quatre | 4 | treize | 13 | vingt-deux | 22 | trente et un | 31 |
| cinq | 5 | quatorze | 14 | vingt-trois | 23 | trente-deux | 32 |
| six | 6 | quinze | 15 | vingt-quatre | 24 | quarante | 40 |
| sept | 7 | seize | 16 | vingt-cinq | 25 | cinquante | 50 |
| huit | 8 | dix-sept | 17 | vingt-six | 26 | soixante | 60 |

| | | | |
|---|---|---|---|
| janvier | *January* | juillet | *July* |
| février | *February* | août | *August* |
| mars | *March* | septembre | *September* |
| avril | *April* | octobre | *October* |
| mai | *May* | novembre | *November* |
| juin | *June* | décembre | *December* |

**remember >>**

The word for 'my', 'yours', 'his' or 'her' agrees with the word that follows:
*mon père* (masc.)
*ma mère* (fem.)
*mes parents* (pl.)

## B Family members

| | | | |
|---|---|---|---|
| le frère | *brother* | la sœur | *sister* |
| le demi-frère | *half-brother* | la demi-sœur | *half-sister* |
| le beau-frère | *stepbrother* | la belle-sœur | *stepsister* |
| le père (papa) | *father (dad)* | la mère (maman) | *mother (mum)* |
| le beau-père | *stepfather* | la belle-mère | *stepmother* |
| le grand-père | *grandfather* | la grand-mère | *grandmother* |
| l'oncle | *uncle* | la tante | *aunt* |
| le cousin | *cousin (male)* | la cousine | *cousin (female)* |
| le mari | *husband* | la femme | *wife* |
| le fils | *son* | la fille | *daughter* |

| | |
|---|---|
| J'ai un copain/une copine. | *I have a boyfriend/girlfriend.* |
| Plus tard, je voudrais me marier et avoir des enfants. | *Later on, I'd like to get married and have children.* |
| Je préfère rester célibataire. | *I prefer staying single.* |

**remember >>**

*Beau-frère* also means brother-in-law and *belle-mère* also means mother-in-law.

| | |
|---|---|
| J'ai un frère. | I've got a brother. |
| Je suis fils/fille unique. | I'm an only child. |
| J'ai un frère jumeau/une sœur jumelle | I've got a twin brother/sister. |
| Mon frère est plus âgé/jeune que moi. | My brother is older/younger than me. |
| Je suis l'aîné(e). | I'm the eldest. |
| Mes parents sont divorcés/séparés/remariés. | My parents are divorced/separated/remarried. |
| Ma sœur m'énerve. | My sister annoys me. |
| Je m'entends bien avec ma tante. | I get on well with my aunt. |
| J'ai un chien/un chat/un poisson/un lapin. | I have a dog/cat/fish/rabbit. |

## C Describing people

### Appearance

| | |
|---|---|
| Il/elle a les yeux bleus/verts/marron. | He/she has got blue/green/brown eyes. |
| Il/elle a les cheveux bruns/blonds/noirs. | He/she has got brown/blond/black hair. |
| Il/elle a les cheveux raides/frisés. | He/she has got straight/curly hair. |
| Il/elle a les cheveux longs/courts. | He/she has got long/short hair. |
| Il/elle porte des lunettes. | He/she wears glasses. |
| Il/elle est petit(e)/mince/grand(e)/gros(se). | He/she is small/slim/tall/fat. |

### Good and bad qualities

| | | | |
|---|---|---|---|
| intelligent(e)/idiot(e), bête | intelligent/stupid | poli(e)/impoli(e) | polite/impolite |
| marrant(e)/ sérieux(euse) | funny/serious | timide/sociable | shy/sociable |
| optimiste/pessimiste | optimistic/pessimistic | calme/agité(e) | calm/hyper |
| patient(e)/impatient(e) | patient/impatient | généreux(euse)/égoïste | generous/selfish |

# >> practice questions

**Revise the alphabet so you can spell words and names in the exam.**

**Have a go with your name, that of a member of your family, a friend, a pet or your favourite celebrity.**

| | | | | | | | |
|---|---|---|---|---|---|---|---|
| a | ah | h | ahsh | o | oh | v | vay |
| b | bay | i | ee | p | pay | w | doobler vay |
| c | say | j | zhee | q | koo | x | eeks |
| d | day | k | kah | r | air | y | ee grek |
| e | err | l | el | s | ess | z | zed |
| f | eff | m | em | t | tay | | |
| g | zhay | n | en | u | oo | | |

# Personal details

- Make sure you can give and understand personal details, such as name, age, nationality, birthday, appearance, etc.

- Being familiar with them will help you in the reading exam.

- Also, be prepared to use these in the interview and conversation of the speaking assessment and in your writing assessment.

## A  Personal information

### READ

You may come across this type of ID card in the reading exam.
Make sure you know what the headings refer to.

Choose words from the list to fill the gaps.
Write the correct letter on each line.

| | |
|---|---|
| a | 16 ans |
| b | 33, rue Lavin, 75011 Paris |
| c | Marc |
| d | 11/02/94 |
| e | français |
| f | Louvier |
| g | deux chats |
| h | une sœur, un demi-frère |

1 Nom: _____

2 Prénom: _____

3 Nationalité: _____

4 Adresse: _____

5 Age: _____

6 Date de naissance: _____

7 Famille: _____

8 Animaux: _____

### SPEAK/WRITE

In the speaking or writing controlled assessment, you may be asked to provide information about yourself (or the person you are pretending to be) or another person.

Mention points 1–8 above a) for yourself; b) for your favourite celebrity, using full sentences.

**Exemple:** a Je m'appelle …;  J'ai … ans;  Je suis …      b Il/elle s'appelle …; Il/elle a …; Il/elle est

### Grammar – avoir and être

| avoir | |
|---|---|
| j'ai (*I have*) | nous avons (*we have*) |
| tu as (*you have*) | vous avez (*you have*) |
| il/elle a (*he/she has*) | ils/elles ont (*they have*) |

| être | |
|---|---|
| je suis (*I am*) | nous sommes (*we are*) |
| tu es (*you are*) | vous êtes (*you are*) |
| il/elle est (*he/she is*) | ils/elles sont (*they are*) |

## B  My family

### READ

Read about Leïla's family and see if you can underline all the family members she mentions. Check that you know what they are in English, e.g *mère* = mother.

Salut. Je m'appelle *Leïla* et j'habite *à La Rochelle*. J'habite avec *ma mère et mon beau-père*. J'ai *une sœur et un demi-frère*. Je m'entends très bien avec *mes parents,* parce qu'ils sont *sympa* et ils *ne sont pas trop stricts*. Mais *mon demi-frère* m'énerve tout le temps – *il a dix ans et il est bête*. *Ma sœur* est *plus* âgée que moi et *elle est généreuse et intelligente*. *Elle m'aide à faire mes devoirs et ça c'est formidable!*

## WRITE

 Adapt Leïla's text above and write about your family (invent details if you prefer), keeping useful phrases and changing the words which refer to Leïla (in italics in her bubble).

**remember >>**

Always be on the lookout for useful phrases you can adapt for your own writing and speaking.

## C Describing people

### READ

**1** In the exam, you might have to say whether statements are positive or negative or sometimes even both positive and negative.

Read, then write **P** (positive), **N** (negative) or **P+N** (positive and negative).

a   Mon meilleur copain est super marrant.   | P |

b   Notre voisin est pessimiste.   | |

c   Mon amie est très impolie envers ses parents.   | |

d   Sylvie est intelligente et travailleuse.   | |

e   Moi, je suis assez calme mais aussi impatient.   | |

f   Mon copain est trop impatient et ça m'énerve.   | |

g   Ma correspondante est vraiment méchante.   | |

h   Ma copine est paresseuse, mais elle est très sympa.   | |

**remember >>**

Always read the whole sentence to the end: don't jump to conclusions too soon.

## WRITE

Make sure you know plenty of words to describe people.
Check the list on page 3 before doing this activity.

 Describe your ideal partner. Mention all his/her qualities – good and bad! Remember to use link words (*et, mais, par contre*, etc.) to make longer sentences and give positive and negative statements.

**Exemple:** Ma partenaire idéale est assez grande, par contre elle n'est pas très mince.

Elle est marrante mais elle est aussi vraiment intelligente.

**remember >>**

Use words such as *très* (very), *vraiment* (really), *assez* (quite) and *un peu* (a bit) to describe what people are like.

# >> practice questions

### READ

*What five qualities is this company looking for in its staff?*

On recherche des jeunes gens pour travailler dans notre bureau de télécommunications. Vous devez être:

• **responsable**    • **obligeant(e)**

• **intelligent(e)**    • **poli(e)**

• **amical(e)**.

**exam tip  >>**

Lots of French words look like their English meanings, so look out for them in reading tasks like this to make things easier for yourself.

# Healthy living – vocabulary

## A Parts of the body

| | | | |
|---|---|---|---|
| le corps | *body* | la tête | *head* |
| le cou | *neck* | une oreille | *ear* |
| le nez | *nose* | la bouche | *mouth* |
| un œil (les yeux) | *eye (eyes)* | le dos | *back* |
| la jambe | *leg* | le genou | *knee* |
| le pied | *foot* | le ventre | *stomach* |
| le bras | *arm* | la main | *hand* |
| le doigt | *finger* | la dent (les dents) | *tooth/teeth* |

| | |
|---|---|
| J'ai mal à la tête. | *I have a headache.* |
| J'ai mal au ventre. | *I have a stomachache.* |
| J'ai mal aux pieds. | *My feet hurt.* |
| Je me suis cassé la jambe. | *I broke my leg.* |
| Je me suis coupé(e) au doigt. | *I cut my finger.* |

**remember >>**

If a part of your body hurts, 'my' is normally translated by *le*, *la* or *les*.
My leg hurts = *J'ai mal à la jambe*.

## B Healthy or unhealthy?

| | |
|---|---|
| Je suis en bonne santé. | *I'm in good health.* |
| Je ne suis pas en bonne forme. | *I'm not fit.* |
| Je ne suis pas souvent malade. | *I'm not often ill.* |
| J'ai une alimentation saine et équilibrée. | *I have a healthy and balanced diet.* |
| Je saute des repas. | *I skip meals.* |
| Je mange assez gras. | *I eat a lot of fatty food.* |
| Je mange cinq portions de fruits et légumes par jour. | *I eat five portions of fruit and veg a day.* |
| L'obésité m'inquiète. | *Obesity worries me.* |
| Je fais un régime. | *I am on a diet.* |
| Je veux grossir/ maigrir. | *I want to gain/lose weight.* |
| Je fume quelques cigarettes par jour. | *I smoke a few cigarettes a day.* |
| Je n'ai jamais fumé. | *I've never smoked.* |
| Je ne me droguerai jamais. | *I'll never take drugs.* |
| Je bois un peu d'alcool de temps en temps. | *I drink a little alcohol occasionally.* |
| Je suis accro d'activité physique! | *I'm addicted to exercise!* |
| Je ne fais pas assez d'exercice. | *I don't do enough exercise.* |
| Je me lève tard. | *I get up late.* |
| Je me couche tôt. | *I go to bed early.* |
| Je dors bien. | *I sleep well.* |
| Je me détends le week-end. | *I relax at the weekend.* |

**remember >>**

To learn this vocabulary, write two lists: the phrases that apply to you and those that don't.

## Grammar – reflexive verbs (se laver/se coucher)

| | |
|---|---|
| je **me** lève | *I get up* |
| tu **te** leves | *you get up* |
| il/elle/on **se** lève | *he/she/one gets up* |
| nous **nous** levons | *we get up* |
| vous **vous** levez | *you get up* |
| ils/elles **se** lèvent | *they get up* |
| **negative:** | Je **ne** me lève **pas**. |
| **perfect tense:** | Je me suis levé(**e**)/Je ne me suis pas levé(**e**). |
| **future:** | Je vais me lever./Je ne vais pas me lever. |

## C  How often

| | |
|---|---|
| toujours | *always* |
| tous les jours | *every day* |
| souvent | *often* |
| chaque week-end | *every weekend* |
| (une fois) de temps en temps | *once in a while/from time to time* |
| rarement | *rarely* |
| jamais | *never* |

**remember >>**

Time phrases such as these allow you to be more detailed and make what you say and write more precise and more interesting.

# >> practice questions

*Find the opposite pairs of sentences.*

**Exemple:** a 5

a  Je suis en superforme.

b  Je ne sais pas combien je pèse.

c  C'est mauvais pour la santé.

d  Je dois suivre un régime.

e  J'ai perdu deux kilos cette semaine.

f  Je veux grossir.

g  Je fais du sport tous les jours.

h  Je ne fume pas.

i  Je suis végétarien(ne).

1  J'ai pris dix kilos pendant les vacances.

2  Je fume trois cigarettes chaque jour.

3  Je déteste faire du sport – c'est fatigant.

4  J'aime bien manger du poulet.

5  Je ne suis pas en bonne santé.

6  Je mange n'importe quoi.

7  Je me pèse tous les jours.

8  C'est bon pour la santé.

9  Je veux maigrir.

# Healthy living

■ Always read all the answers in multiple-choice questions before selecting your options.

■ Use all available clues (illustration, keywords, etc.) to help you work out what a text is about.

## A Healthy/unhealthy

**READ**

Always read very carefully making sure you recognise phrases that can make a difference (*toujours, jamais*, etc.).

**1** Read the bubbles and tick the best option to summarise what each young person says about their healthy or unhealthy habits.

Je ne mange pas de fruits et légumes tous les jours. Je n'aime vraiment pas ça!
**Lucie**

Je ne suis pas en forme, je suis toujours fatigué: je me lève trop tôt et je me couche trop tard.
**Sylvain**

Mes parents fument beaucoup. Moi, j'ai fumé une ou deux fois mais je trouve ça dégoûtant et je ne fumerai jamais.
**Alex**

J'ai beaucoup de copines qui sautent des repas parce qu'elles veulent maigrir. Moi, je mange toujours des repas sains et équilibrés et je ne grossis pas.
**Katya**

| | | |
|---|---|---|
| **1** | **Lucie** | |
| a | never eats fruit and veg | ☐ |
| b | eats fruit and veg but not every day | ☐ |
| c | really likes fruit and veg | ☐ |

| | | |
|---|---|---|
| **3** | **Alex** | |
| a | smokes a lot | ☐ |
| b | has never smoked | ☐ |
| c | will never smoke | ☐ |

| | | |
|---|---|---|
| **2** | **Sylvain** | |
| a | sleeps well | ☐ |
| b | gets up late | ☐ |
| c | goes to bed late | ☐ |

| | | |
|---|---|---|
| **4** | **Katya** | |
| a | wants to lose weight | ☐ |
| b | doesn't skip meals | ☐ |
| c | doesn't always eat healthily | ☐ |

**SPEAK**

**2** Say six things you do that are healthy and six things you do that are unhealthy.

**Exemple:** Je ne mange pas assez de fruits et légumes.

## Grammar – regular verb endings

|  | 'er' verb – manger (to eat) | 'ir' verb – grossir (to get fat) | 're' verb – détendre (to relax) |
|---|---|---|---|
| je | mange | grossis | me détends |
| tu | manges | grossis | te détends |
| il/elle/on | mange | grossit | se détend |
| nous | mangeons | grossissons | nous détendons |
| vous | mangez | grossissez | vous détendez |
| ils/elles | mangent | grossissent | se détendent |

## B Teen health

### READ

Choose the correct person. Write **L** (for Luc), **F** (for Fadila) ,
**A** (for Aaron) or **G** (for Gaëlle) in the box.

'Quels sont les risques les plus graves pour la santé des jeunes
aujourd'hui?'

**Luc**
Pour moi, un des risques majeurs, c'est le tabac. Ça peut donne le cancer, c'est même indiqué sur le paquet. Pourtant beaucoup de jeunes continuent à fumer, pour faire comme les copains.

**Fadila**
Selon moi, boire des boissons alcoolisées est très dangereux, pourtant presque tous les jeunes en boivent. Les effets peuvent être catastrophiques. On peut tomber dans le coma, par exemple.

**Gaëlle**
D'après moi, de plus en plus de jeunes risquent de devenir trop gros parce qu'ils mangent trop gras, trop de fast food et de plats préparés et pas assez de nourriture équilibrée et saine.

**Aaron**
A mon avis, le plus grand danger pour la santé des jeunes, c'est le manque d'exercice. De plus en plus de jeunes passent des heures devant la télé, leur ordinateur ou leur console de jeux. C'est nul pour la santé!

| 1 | thinks alcohol is the worst risk. |  |
| 2 | thinks bad health is caused by lack of exercise. |  |
| 3 | believes smoking is a real danger. |  |

| 4 | mentions obesity as a growing problem. |  |
| 5 | blames hours spent in front of screens. |  |
| 6 | thinks teenagers don't eat healthily. |  |

# >> practice questions

### WRITE

*A French magazine is asking young people to write in about ways in which they keep healthy ... or not! Write about 150 words. Mention the following points:*

- **comme exercice/sport, je fais ...**
- **en général, je mange ...**
- **ma routine de tous les jours ...**
- **ce n'est pas bon pour ma santé ...**
- **je vais faire .../je ne vais plus faire ...**

**Exemple: Comme exercice, je fais de la marche:**
**je vais à l'école à pied,**
**je ne prends pas le bus, etc.**

### exam tip >>

For the written assessment, you are allowed to take in some notes: five bullet points of eight words each.

# Sport – vocabulary

## A Sports

| | |
|---|---|
| Je fais du vélo/du cyclisme/du VTT. | I go cycling/mountain biking. |
| Je fais du cheval/de l'équitation. | I go horseriding. |
| Je fais du patinage. | I go skating. |
| Je fais du ski (nautique). | I go (water) skiing. |
| Je fais de la natation. | I go swimming. |
| Je fais de la planche à voile. | I go windsurfing. |
| Je fais de la gymnastique. | I do gymnastics. |

### remember >>

For sports you do individually, say *Je fais du: Je fais du patinage.*
For sports you play in a team or against an opponent, say *Je joue au: Je joue au volley.*

| | |
|---|---|
| Je joue au football. | I play football. |
| Je joue au tennis. | I play tennis. |
| Je joue au basket/volley. | I play basketball/volleyball. |

| | |
|---|---|
| Je vais aux sports d'hiver. | I go skiing in winter. |
| Je vais à la pêche. | I go fishing. |
| Je vais à la piscine/à la patinoire. | I go to the swimming pool/ice rink. |
| Je vais au stade/au centre sportif. | I go to the stadium/sports centre. |
| Je vais courir. | I go running. |

| | |
|---|---|
| Je ne fais pas de sport. | I don't do any sport. |
| Je ne fais du sport qu'au collège. | I only do sport at school. |
| Je suis très sportif/sportive. | I'm really sporty. |
| Je joue dans une équipe. | I play in a team. |
| Je m'entraîne tous les jours. | I train everyday. |
| J'ai des matchs le samedi. | I have matches on Saturdays. |
| Je participe à des championnats. | I take part in championships. |

## B When and for how long?

| | | | |
|---|---|---|---|
| lundi | (on) Monday | vendredi | (on) Friday |
| mardi | (on) Tuesday | samedi | (on) Saturday |
| mercredi | (on) Wednesday | dimanche | (on) Sunday |
| jeudi | (on) Thursday | le week-end | at the weekend |

| | |
|---|---|
| le lundi/le samedi | *on Mondays/Saturdays* |
| tous les jours/les week-ends | *everyday/every weekend* |
| pendant les vacances | *during the holidays* |
| deux heures par jour | *two hours a day* |
| une fois par semaine | *once a week* |
| le matin | *in the morning* |
| l'après-midi | *in the afternoon* |
| le soir | *in the evening* |
| le dimanche matin | *on Sunday mornings* |

### remember >>

**Learning vocabulary? Get your family and friends to test you. Turn it into a game to make it more fun!**

## Grammar – depuis + present tense

| | |
|---|---|
| Je joue au tennis depuis un an. | *I've been playing tennis for a year.* |
| Je fais du cheval depuis 2002. | *I've been horse-riding since 2002.* |

## >> practice questions

**Look at the photos and complete the labels.**

a le _ _ _ k _ _

b le _ _ _ o

c le _ k _

d le f_ _ _ _ _ _ _

e le _ e _ _ i _ de _ _ _ _ e

f la _ _ t _ _ _ _ n

g la v _ _ _ _

h le t _ _ _ _ _

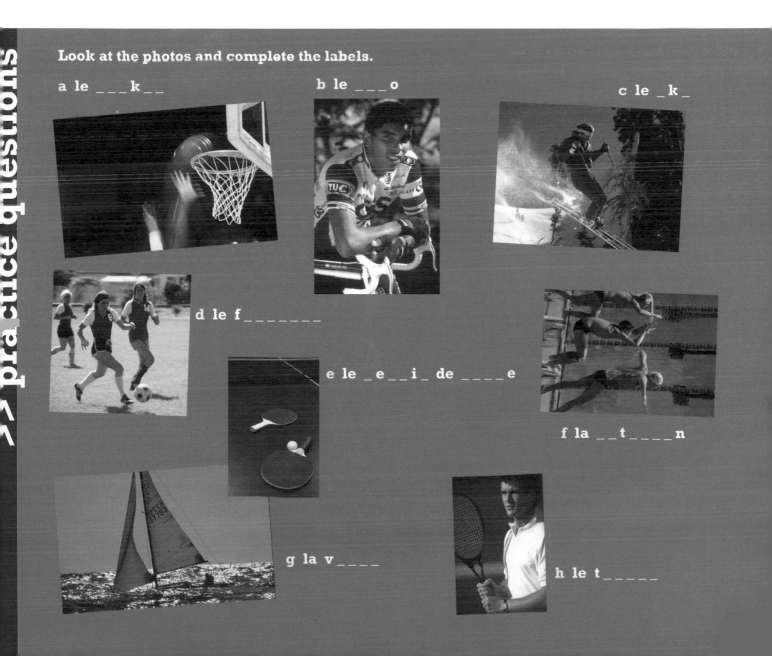

# Sport

- When the vocabulary is very similar to English (e.g. names of sports), focus on getting the pronunciation and the gender right.

- Be careful to tick or fill in the correct boxes for your answers in the exam.

## A  Sports I do or don't do

### SPEAK

Say which sports you do and don't do.

1   judo

2   ski

3   golf

4   gymnastique

5   danse

6   rugby

7   basket

8   badminton

### remember >>

After *ne ... pas*, *'du/de la'* becomes *'de'* and *'de l'* becomes *'d'*.
*Je fais du judo.*
*Je ne fais pas de judo.*

## B  When and for how long?

### READ

When you are asked to tick or write in letters in boxes in the reading exam, start by doing the ones you are sure of first and then go back and fill in any blanks.

Read the statements. Tick the correct column for each.

|  | sportif | non-sportif |
|---|---|---|
| **a** En hiver, je joue toujours au hockey sur glace. | | |
| **b** Je vais à la piscine plusieurs fois par semaine. | | |
| **c** Je joue au tennis un fois par an, pas plus! | | |
| **d** Je fais du jogging avec un copain tous les soirs. | | |
| **e** Le seul sport que je fais, c'est regarder le foot à la télé! | | |
| **f** Pour moi, le sport est une activité vitale. | | |
| **g** Je fais du judo depuis plus de dix ans. | | |
| **h** Comme exercice, je marche, c'est à peu près tout! | | |

## C A football player

Read the extract from a magazine article about a young footballer.
Choose four sentences which are correct and tick the boxes.

| | | |
|---|---|---|
| a | ☐ | Sylvain plays football professionally. |
| b | ☐ | He does not eat much for breakfast. |
| c | ☐ | He exercises all morning until lunch. |
| d | ☐ | He runs, swims and rides a bike everyday. |
| e | ☐ | He has lunch at home. |
| f | ☐ | He trains with his team twice a day everyday. |
| g | ☐ | He relaxes in front of the TV at night. |
| h | ☐ | He doesn't have to follow any special diet. |

**A quoi ressemble la journée d'un sportif professionnel? On a posé la question à Sylvain Chambord, jeune footballeur français.**

« Je me lève tous les matins à sept heures et je prends un bon petit déjeuner. Je me mets en forme: je fais du jogging au parc ou bien je vais à la piscine, ou alors de temps en temps, je fais du vélo.

Je déjeune chez moi et après, je retrouve mon équipe au stade pour l'entraînement. On s'entraîne pendant environ quatre heures. On discute aussi de la stratégie pour le prochain match. En général, je rentre chez moi vers 19 heures. Je mange, je me détends un peu devant un film ou je sors chez des copains. Quand on a des matchs, on travaille beaucoup plus dur! On a entraînement deux fois par jour, on a un régime énergétique à suivre. L'entraîneur est très strict pour ça! »

# >> practice questions

*Write a short article (about 150 words) for the school magazine, suggesting ways of keeping fit for people who are not sporty.*

**Exemple: Ne va pas au collège en bus ou en voiture. Quand il fait beau, vas-y à pied avec un copain ou une copine. Ne prends pas les escalators dans les magasins, etc.**

**exam tip >>**

**Don't experiment during the written assessment, use words and phrases you know, even if it means adjusting your ideas. E.g. if you can't think of the word for 'stairs' in 'Go up the stairs', say 'don't use the escalators'.**

# Food and drink – vocabulary

## A Fruit 'n veg

| les fruits | fruit | une framboise | raspberry |
|---|---|---|---|
| un abricot | apricot | une orange | orange |
| un ananas | pineapple | une pêche | peach |
| une banane | banana | une poire | pear |
| une cerise | cherry | une pomme | apple |
| un citron | lemon | du raisin | grapes |
| une fraise | strawberry | une tomate | tomato |

| les légumes | vegetables | des haricots verts | green beans |
|---|---|---|---|
| une carotte | carrot | des petits pois | peas |
| des champignons | mushrooms | des pommes de terre | potatoes |
| un chou-fleur | cauliflower | une salade | salad, lettuce |

**remember >>**

To learn the vocabulary more efficiently, do something with it! Write two lists of food and drinks according to whether you think they are good or bad for your health.

## B Meat, fish and veggie options

| la viande | meat | les crudités | raw vegetables |
|---|---|---|---|
| l'agneau | lamb | les œufs | eggs |
| le bœuf | beef | les frites | chips |
| le jambon | ham | les pâtes | pasta |
| le porc | pork | le riz | rice |
| le poulet | chicken | la soupe | soup |
| la saucisse | sausage | | |
| le poisson | fish | | |
| les fruits de mer | seafood | | |

## C Drinks

| la bière | beer |
|---|---|
| les boissons non-alcoolisées | soft drinks |
| le café | coffee |
| le cidre | cider |
| le chocolat (chaud) | hot chocolate |
| l'eau (du robinet/minérale) | (tap/mineral) water |
| le jus de fruit | fruit juice |
| le soda | fizzy drink |
| le thé | tea |
| le vin rouge/blanc | red/white wine |

## D Quantities

| | |
|---|---|
| un paquet de (chips/biscuits) | a packet of (crisps/biscuits) |
| un pot de (confiture) | a jar of (jam) |
| une tranche de (pâté/pain) | a slice of (paté/bread) |
| un morceau de (gâteau/fromage) | a piece of (cake/cheese) |
| une boîte de (chocolats/sardines) | a box of (chocolate)/tin of (sardines) |
| 500 grammes/ un kilo de (prunes) | 500 g/ a kilo of (plums) |
| une tasse de thé | a cup of tea |
| un verre de lait | a glass of milk |
| une bouteille d'eau gazeuse | a bottle of carbonated water |

## E Meals

| | |
|---|---|
| le repas | meal |
| le petit déjeuner | breakfast |
| le déjeuner | lunch |
| le dîner | dinner |
| l'entrée | starter |
| le plat principal | main dish |
| le dessert | dessert |

## F What I eat or don't eat

| | |
|---|---|
| Le matin, je mange des céréales et je bois du thé au lait. | For breakfast I have cereal and I drink tea with milk. |
| Je voudrais une crêpe au sucre/un croissant au beurre. | I'd like a pancake with sugar/ a croissant with butter. |
| Je vais prendre une glace à la vanille/au chocolat. | I'll have a vanilla/chocolate ice cream. |
| C'est délicieux. | It's delicious. |
| C'est un peu trop salé/ épicé pour moi. | It's a bit too salty/spicy for me. |
| J'aime/Je n'aime pas (les oignons) | I like/don't like (onions). |
| Je suis allergique au (poisson). | I'm allergic to (fish). |
| Je suis végétarien(ne)/végétalien(ne). | I'm vegetarian/vegan. |
| Ma religion m'interdit (le porc). | Eating pork is against my religion. |
| Je mange du/de la/des.../ Je ne mange pas de... parce que c'est bon/mauvais pour la santé. | I eat/don't eat ...  because it is good/bad for your health. |

# >> practice questions

*How well do you know French food?  Tick the ingredient that is the odd one out for each dish.*

1  Un <u>croque-monsieur</u>, c'est du pain ☐ , des noix ☐ , du jambon ☐ , du fromage ☐ .

2  Une <u>salade niçoise</u>, c'est de la laitue ☐ , du poulet ☐ , des œufs ☐ , des tomates ☐ .

3  Un <u>gratin dauphinois</u>, c'est des pâtes ☐ , de la crème ☐ , du fromage ☐ , des pommes de terre ☐ .

4  Une <u>quiche lorraine</u>, c'est des œufs ☐ , du jambon ☐ , de la bière ☐ , du sel et du poivre ☐ .

# Food and drink

## A  Food and drink

**READ**

Find twelve words for food and drink items in the grid.

| T | A | B | R | F | P | O | M | M | E | C |
|---|---|---|---|---|---|---|---|---|---|---|
| H | T | I | P | O | U | L | E | T | H | R |
| E | I | S | S | A | Q | E | W | S | J | O |
| V | X | C | Z | O | E | U | F | O | H | I |
| F | H | U | P | A | I | N | K | U | L | S |
| P | O | I | S | S | O | N | T | P | C | S |
| V | W | T | M | K | G | R | U | E | A | A |
| D | C | H | O | C | O | L | A | T | F | N |
| J | A | M | B | O | N | T | Y | P | E | T |

**remember >>**

Using pictures can help you remember words. Draw or cut out pictures of the items, stick them on cards and write the French word on the other side. Test yourself: look at the picture and say the French word.

## B  What I eat

**SPEAK**

Look at these sentence beginnings and see if you can finish them off.

a    Le matin, je mange ... et je bois ...

b    A midi, je mange ... et je bois ...

c    Le soir, je mange ... et je bois ...

**Exemple: a** Le matin, je mange des céréales avec du lait et du pain avec de la confiture et du beurre.
Le week-end, je mange souvent un œuf et du jambon.
Je bois toujours du thé avec du sucre et du lait.

### Grammar – du, de la, de l', des

Use **du**, **de la**, **des**, **de l'** instead of **le/la/les** when talking about things you eat/drink.

| du | masculine words | → | du poulet, du jambon |
|----|-----------------|---|----------------------|
| de la | feminine words | → | de la limonade, de la bière |
| des | plural words | → | des croissants, des tartines |
| de l' | words starting with a, e, i, o, u, h | → | de l'eau minérale, de l'œuf |

**remember >>**

Try and give two or three items in your answers rather than the minimum of one.

**remember >>**

Although there isn't always a word in English, you must use *du/de la/des* in French.
I eat bread in the morning. *Je mange <u>du</u> pain le matin.*

## SPEAK

Answer the questions saying what you'd like to eat/what you'd rather not eat, and explain why.

**Exemple: 1** Je voudrais des spaghetti parce que je suis allergique au poisson et je n'aime pas le poulet.

**1**

Qu'est-ce que tu veux manger à midi, du poulet, du poisson ou des spaghetti à la sauce tomate?

**2**

Ce soir, on mange des fruits de mer, de la pizza et de la tarte aux pommes. Ça va?

**3**

Au menu, il y a du pâté de canard ou de la soupe de légumes, du rôti de porc ou de l'omelette avec des frites, et comme dessert, de la glace ou du gâteau au chocolat. Qu'est-ce que tu vas prendre?

**Pâtisserie - Salon de thé**

Café – thé – chocolat au choix

Pâtisseries fines

Gâteaux maison

Glaces et sorbets

**La Saladine**

baguette thon/concombre/tomate

baguette légumes grillés

salade niçoise

salade campagnarde

**Burger-chef**

Hamburger-frites

Saucisse-frites

Poulet-frites

Coca/Pepsi

## READ

*In a reading task, you don't always need to translate every word to do what you are asked to do. It is better to scan the texts and look for keywords.*

1  **Where will these people eat?**
   **Match the speech bubble to the menus.**

**Stéphanie:**

J'aime beaucoup les sucreries. J'aime surtout les gâteaux au chocolat! Je sais que ce n'est pas très bon pour la santé et que ça fait grossir, mais une fois de temps en temps, ça va!

**Damien**

Moi, je sais que les légumes, c'est bon pour la santé mais je déteste ça! Personnellement, j'aime la viande et les frites! J'en mange souvent à la maison et quand je sors.

**Sébastien**

Je ne vais jamais dans les restaurants fast-food parce que je suis végétarien. Je préfère manger dans des sandwicheries où ils servent aussi des salades.

## SPEAK

2  *A friend invites you out. Choose one of the three places above and explain your choice.*

   **Exemple:  Je voudrais aller au Burger-chef parce que je ne mange pas souvent de burgers. Ce n'est pas très bon pour la santé, mais j'aime bien ça de temps en temps!**

**exam tip  >>**

It is a good idea to explain your choices, using *car* or *parce que*.

# Teenage issues – vocabulary

## A Relationships

| | |
|---|---|
| Je ne m'entends pas avec mes parents. | *I don't get on with my parents.* |
| Ma famille ne me comprend pas. | *My family doesn't understand me.* |
| Mes parents sont trop sévères. | *My parents are too strict.* |
| On se dispute souvent. | *We argue a lot.* |
| Je n'ai pas le droit de sortir. | *I'm not allowed out.* |
| Personne ne me comprend. | *Nobody understands me.* |
| Je me sens seul(e). | *I feel lonely.* |
| Je suis souvent déprimé(e). | *I am often depressed.* |
| Je suis souvent de mauvaise humeur. | *I am often in a bad mood.* |
| La chose la plus importante dans ma vie, c'est les copains. | *Friends are the most important thing in my life.* |

**remember >>**

Cover the English. Look at the French column and say the English. Check you got it right, then repeat this time covering the French column and looking at the English.

## B Addictions

| | |
|---|---|
| La toxicomanie | *Drug addiction* |
| Le tabagisme | *Smoking* |
| L'alcoolisme | *Alcohol abuse* |
| Je ne fume pas. | *I don't smoke.* |
| Je ne bois pas d'alcool. | *I don't drink alcohol.* |
| Je bois un verre de temps en temps. | *I have a drink occasionally.* |
| Je voudrais arrêter de fumer/de boire. | *I want to stop smoking/drinking.* |
| J'ai peur d'avoir le cancer. | *I'm afraid I'll get cancer.* |
| Je ne veux pas devenir alcoolique. | *I don't want to become an alcoholic.* |
| Je suis accro … | *I'm addicted to …* |
| … à la télé/aux jeux vidéo | *… television/videogames.* |
| … à l'ordinateur/à Internet. | *… the computer/the Internet* |
| Je passe trop de temps sur (Facebook/MSN). | *I spend too much time on (Facebook/MSN).* |

**remember >>**

Copy out words and phrases that you have difficulty with but remember to always check the spellings.

## C Social issues

| | |
|---|---|
| la violence | *violence* |
| le vandalisme | *vandalism* |
| le racisme | *racism* |
| les bandes | *gangs* |
| les jeunes sans-abris | *the young homeless* |
| le chômage | *unemployment* |
| l'exclusion sociale | *social exclusion* |
| l'inégalité des chances | *inequality* |

## D My opinion

| | |
|---|---|
| Selon moi …/Pour moi, … | For me … |
| A mon avis, … | In my view/opinion … |
| Je pense que … | I think that … |
| Je crois que … | I believe that … |
| Je trouve que … | I find that … |
| Je suis pour … | I'm for … |
| Je suis contre … | I'm against … |
| Le/La/Les …, c'est un vrai problème. | … is a real problem. |
| Ça m'inquiète. | It worries me. |
| Je trouve ça choquant. | I find that shocking. |
| Ça me fait peur. | It scares me. |
| Il faut lutter contre … | We must fight against … |

| | |
|---|---|
| A mon avis, (le racisme), c'est un grand problème. | In my opinion, (racism) is a major problem. |
| (Le réchauffement de la planète) m'inquiète beaucoup. | (Global warming) worries me a lot. |
| Il faut lutter contre (la pauvreté). | We have to fight against (poverty). |
| Je voudrais aider (les personnes défavorisées). | I'd like to help (the underprivileged). |

### remember >>

When discussing an issue, remember this formula:
opinion → reason → example.
For instance, use: *Je pense que … parce que … Par exemple, …*

## >> practice questions

*Read these newspaper headlines. Which topic are they about?*

a *environment*   **3**    b *drug-taking*   ☐    c *teenage drinking*   ☐

d *smoking*   ☐    e *homelessness*   ☐    f *family problems*   ☐

1   **Il est interdit de fumer dans ce restaurant**

2   **Un ado sur deux n'aime pas habiter chez ses parents**

3   **Sauvez votre planète!**

4   **Trop jeune pour boire de la bière**

5   **Les jeunes qui habitent dans la rue**

6   **La lutte contre la drogue**

# Teenage issues

- Use any texts you revise from to pick out key phrases you can use later on to talk about your own situation.

- You can give negative as well as positive opinions on a topic.

## A Teen issues

### READ

**remember >>**

Look at the questions or activities that follow a reading text – they will often give you further clues as to meaning.

1 Read what these teenagers think about life. Which one matches most closely your own situation? Underline any phrases you might be able to use or adapt slightly in the exam if you were talking/writing about yourself.

**Jean-Philippe:** Moi, j'ai seize ans et j'habite avec mon père et ma belle-mère. Mes parents m'énervent tout le temps parce qu'ils sont trop sévères – je n'ai jamais le droit de sortir le soir et je dois faire le ménage le week-end. A mon avis, les jeunes doivent faire tout ce qu'ils veulent et la vie d'adolescent doit être joyeuse et sans soucis ni règles.

**Isabelle:** J'ai quinze ans et j'habite avec ma mère, mon beau-père et ses deux enfants. Je ne peux pas communiquer avec mon beau-père, mais je m'entends très bien avec ma mère et j'ai le droit de faire presque tout ce que je veux. Je sors toujours le week-end et je vais au cinéma ou chez mes amies trois fois par semaine. A mon avis, c'est important d'avoir beaucoup de liberté quand on est jeune.

**Yasmine:** Je suis fille unique et j'ai seize ans. Je trouve mes parents trop sévères – ils pensent que je suis encore leur petite fille et ils n'ont pas confiance en moi. Mes copains se moquent de moi parce que je dois rentrer à la maison après les cours et je n'ai jamais la permission de sortir le week-end ou le soir.

**Vincent:** J'ai dix-sept ans et depuis six mois j'habite avec ma petite amie et sa famille. Je m'entends très bien avec sa mère qui est très sympa – elle est assez jeune et elle comprend bien la vie d'ado. Par contre, mes parents étaient insupportables et on se disputait beaucoup – je ne pouvais plus habiter chez eux.

2 Go through the article again, and underline all negative opinions in blue and positive opinions in red.

3 Answer the questions.

   a  Qui ne s'entend pas bien avec ses parents?  _Jean-Philippe, Vincent, Yasmine_

   b  Qui doit rentrer à la maison après le collège?  _____

   c  Qui n'habite plus avec ses parents?  _____

   d  Qui est l'adolescent le plus âgé?  _____

   e  Qui est l'adolescent le plus jeune?  _____

   f  Qui a beaucoup de liberté?  _____

   g  Qui doit travailler à la maison le samedi et le dimanche?  _____

## B  Giving opinions

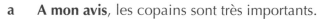

Expressing an opinion is an important aspect of
the controlled assessment. Some stock phrases
can be used in any context.

 Do you agree with these sentences about
friendship? Adapt them to give your
opinion, using the phrases in red.

a   **A mon avis**, les copains sont très importants.

b   **Je crois que** l'amitié est plus importante que la famille.

c   **Je pense que** chacun a besoin d'amis.

d   **Selon moi**, une meilleure amie doit être gentille et sportive.

e   **Moi, je trouve qu'**un meilleur ami doit être bavard et amusant.

f   **Je trouve ça choquant de** se disputer avec son meilleur ami.

g   **Tout compte fait**, mes amis ne sont pas aussi importants que ma famille.

To get a better grade, try and justify your opinion by giving a reason and an example.

 Choose four sentences (from a–g above) and complete them by adding a reason
and an example.

**Exemple: a** A mon avis, les copains sont très importants, parce qu'ils nous
comprennent mieux que la famille. Mes parents, par exemple,
sont contre Facebook et MSN.

## READ

**Circle the correct option in each bubble.**

**1**
Moi, je suis **a) pour** **b) contre** le tabac, parce
que quand on commence, c'est un problème
pour s'arrêter. Par exemple, mon frère fume
depuis 10 ans. Il est asthmatique, alors c'est
catastrophique pour sa santé.

**2**
Je pense qu' **a) on doit** **b) on ne doit
pas** interdire les boissons alcoolisées
aux ados parce que boire de temps en
temps, ce n'est pas mauvais. Moi, par
exemple, j'ai le droit de boire un verre
de champagne dans les fêtes de famille.

**3**
Pour moi, la drogue, **a) c'est un vrai problème
b) ce n'est pas vraiment un problème**.
Beaucoup de jeunes se droguent pour essayer
mais ils risquent de devenir accro. J'ai un ami
qui se drogue et je trouve ça très choquant .

**exam tip  >>**

Knowing how to recognise an
opinion is an important aspect of
the reading and listening exams.

practice questions

# Free time – vocabulary

| | |
|---|---|
| lire | *to read* |
| regarder la télé | *to watch TV* |
| regarder un DVD | *to watch a DVD* |
| écouter la radio | *to listen to the radio* |
| écouter de la musique | *to listen to music* |
| danser | *to dance* |
| chanter | *to sing* |
| dessiner | *to draw* |
| faire la cuisine | *to cook* |
| discuter avec mes amis sur Internet | *to talk to my friends on the Internet* |
| jouer sur ma console | *to play electronic games* |
| jouer aux cartes | *to play cards* |
| jouer aux jeux de société | *to play board games* |
| jouer du piano/de la guitare | *to play the piano/the guitar* |
| J'aime/J'adore (danser). | *I like/love (dancing).* |
| Je déteste/Je n'aime pas (lire). | *I hate/dislike (reading).* |

## Grammar – verbs with an infinitive

| | | |
|---|---|---|
| j'adore/j'aime | (*I love/like*) | nager, danser, lire |
| je déteste/je n'aime pas | (*I hate/dislike*) | jouer aux cartes, regarder la télé |
| je voudrais | (*I'd like to*) | aller au cinéma, faire du sport |

> **remember >>**
>
> **The verbs *aimer*, *adorer*, *détester* and *vouloir* are followed directly by the infinitive without any prepositions, e.g. *j'aime danser*.**

> **remember >>**
>
> **You can't learn ALL the vocabulary in this book off by heart. Concentrate on what is relevant to you, and aim to look at the rest so you will recognise a lot of vocabulary in the exam.**

| | |
|---|---|
| aller à un concert/un club | *to go to a concert/a club* |
| aller au cinéma | *to go to the cinema* |
| aller au parc d'attractions | *to go to the theme park* |
| aller au bowling | *to go bowling* |
| aller à un match de foot | *to go to a football match* |
| nager/aller à la piscine | *to swim/to go to the swimming pool* |
| faire du sport | *to do sport* |
| faire du théâtre | *to do acting* |
| jouer dans un groupe/un orchestre | *to play in a band/an orchestra* |
| retrouver mes amis/amies | *to meet my friends* |
| aller à la maison des jeunes | *to go to the youth club* |
| faire une promenade | *to go for a walk* |
| faire une promenade à vélo | *to go for a bike ride* |
| faire les magasins | *to go round the shops* |

## C  Adding detail

| le soir | in the evenings |
|---|---|
| le vendredi/le dimanche | on Fridays/on Sundays |
| quand j'ai le temps | when I have time |
| Je (joue dans un groupe) avec (mes copains/copines). | I (play in a group) with (my friends). |
| L'hiver, je (fais du ski). | I (go ski-ing) in the winter. |
| Quand il fait beau, je (vais en ville). | When the weather is nice, I (go to town). |
| Je lis beaucoup, surtout les romans policiers. | I read a lot, especially detective novels. |
| Je regarde les infos parce que c'est intéressant. | I watch the news because it's interesting. |
| J'adore le rap parce que ça me met de bonne humeur. | I love listening to rap music because it puts me in a good mood. |

## D  Asking someone out

| Tu es libre ce week-end? | Are you free this weekend? |
|---|---|
| Si on allait au cirque? | Shall we go to the circus? |
| On va au spectacle/au match? | Shall we go to a show/match? |
| Tu veux aller à la discothèque? | Do you want to go to a disco? |
| Tu veux faire une excursion? | Do you want to go on a trip? |
| Oui, d'accord. Je veux bien. | Yes, I'd love to. |
| Ça ne me dit rien. | I don't fancy that. |
| Je regrette/Je suis désolé(e) mais je ne suis pas libre. | I'm sorry but I'm not free. |
| On se retrouve à quelle heure? | When shall we meet? |
| On se retrouve à six heures. | We'll meet at six o'clock. |
| On se retrouve où? | Where shall we meet? |
| On se retrouve chez moi/à la gare/à l'école. | We can meet at my house/the station/school. |

**remember >>**

When speaking or writing about your leisure activities, add more detail by saying when, who with and why.

**remember >>**

Practise little and often. Try saying three French phrases out loud every morning before you get out of bed.

# >> practice questions

**Use the words below to fill the gaps in the speech bubble.**

Le soir, j'aime bien lire ou (a) _écouter_ de la musique parce que ça me relaxe. Souvent, je discute avec mes amis sur (b) _Internet_ c'est très pratique. Quand j'ai de l'argent, je (c) _____ au cinéma ou à un concert (d) _____ ma sœur. Le jeudi (e) _____ , je fais du théâtre dans un (f) _____ parce que je voudrais être actrice plus tard. Le samedi, quand il fait (g) _____ , je fais de longues promenades avec mon chien ou je fais les (h) _____ avec une copine.

**vais/écouter/soir/club/avec/beau/magasins/Internet**

# Free time

 Make sure you can say what you do and don't like doing in your free time.

 Check you know how to set out a letter to a friend in French.

## A  Hobbies

### READ

Do this quick reading activity on hobbies and see how much you can understand.

Some French teenagers are talking about their hobbies on an Internet forum.
Match each picture with the correct information.

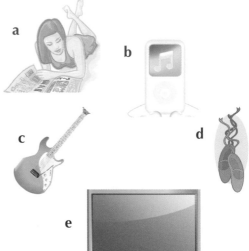

| | |
|---|---|
| 1 | J'aime bien regarder un bon DVD avec mes amis. C'est sympa et ça ne coûte pas cher. |
| 2 | Mon passe-temps préféré, c'est la danse. C'est un passe-temps très actif! C'est super! |
| 3 | Je lis souvent le soir quand je suis fatigué, surtout le journal ou les magazines de sport. |
| 4 | J'écoute mon iPod dans ma chambre parce que j'adore la musique, surtout le hip-hop. |
| 5 | Jouer d'un instrument de musique, c'est génial! Moi, je joue tous les soirs à la maison. |

## B  Giving detailed answers about hobbies

### SPEAK

If someone asks you: *Quel est ton passe-temps préféré?* you could reply:

a   *Ecouter de la musique.*

b   *J'aime bien écouter de la musique.*

c   *J'adore écouter de la musique – surtout le métal et le rock.*

Which answer above do you think is more interesting? Well, it has to be answer **c** because it contains the most information.

Give your own answers to the questions about hobbies on page 25. Add in as much detail as possible. The phrases on pages 22 and 23 will help you, as well as the ideas in the clouds.

**Exemple**: *Mon passe-temps préféré, c'est les jeux de console. J'y joue tous les soirs. Ma console est dans ma chambre et je joue seul ou avec mon frère ou un copain. J'aime surtout les jeux de combat parce que c'est ce qu'il y a de plus amusant. J'ai beaucoup de jeux mais ils coûtent assez chers.*

1   Quel est ton passe-temps préféré?
    *J'aime/J'adore ...*

2   Qu'est-ce que tu aimes faire le week-end?
    *J'aime/J'adore ...*

3   Qu'est-ce que tu n'aimes pas faire dans ton temps libre?
    *Je n'aime pas/Je déteste ...*

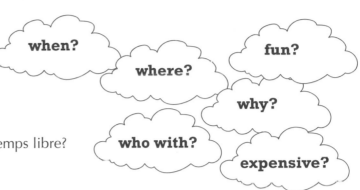

when? where? fun? why? who with? expensive?

## C  Question words

**WRITE**

Question words crop up in texts on all sorts of topics. Make sure you know what the key question words in French are: *où?* = where?   *qui?* = who?   *quand?* = when?   *qu'est-ce que ...?* = what ...? *comment?* = how?   *pourquoi?* = why?

Write questions to complete the interview. Use a different question word for each one.

Interviewer:   **1** _____

Nicolas:       *J'aime jouer aux cartes.*

Interviewer:   **2** _____

Nicolas:       *Le soir, ou le week-end.*

Interviewer:   **3** _____

Nicolas:       *Je joue avec mes copains.*

Interviewer:   **4** _____

Nicolas:       *A la maison.*

Interviewer:   **5** _____

Nicolas:       *Parce que je trouve ça amusant!*

# >> practice questions

**Read this letter and write a reply (40 words) to Max.**

**Answer his question with as much detail as possible.**

Paris, le 4 mai

Chère Zoé,
Aujourd'hui, je t'écris au sujet des passe-temps! Moi, j'aime bien aller au cinéma avec mes copains. J'aime aussi jouer au tennis le week-end. Quels sont tes passe-temps préférés?
A bientôt
Max

**exam tip  >>**

Writing a letter to someone your own age? Put your town and the date on the top right-hand side. Start with *Cher* for a boy or *Chère* for a girl. Finish *A bientôt* or *Amicalement* (for boy or girl).

# Media – vocabulary

## A Television

| | |
|---|---|
| Les meilleures émissions sont les documentaires. | *The best programmes are documentaries.* |
| les informations/les actualités | *the news* |
| les séries/les feuilletons | *serials/soap operas* |
| les dessins animés | *cartoons* |
| les émissions de sport | *sports programmes* |
| les émissions de musique | *music programmes* |
| Je regarde la télévision tous les jours/soirs. | *I watch television every day/evening.* |
| Mon émission préférée, c'est «Les Simpson». | *My favourite programme is 'The Simpsons'.* |
| J'aime bien (les films). | *I like (films).* |
| Je n'aime pas (les jeux télévisés). | *I don't like (game shows).* |
| J'aime regarder (le sport). | *I like watching (sport).* |

## B Music

| | |
|---|---|
| Mon chanteur préféré, c'est … | *My favourite male singer is …* |
| Ma chanteuse préférée, c'est … | *My favourite female singer is …* |
| Ma chanson préférée, c'est … | *My favourite song is …* |
| Mon groupe préféré, c'est … | *My favourite group is …* |
| Le rap, la musique pop/rock/classique | *rap/pop/rock/classical music* |
| J'écoute la musique sur mon lecteur MP3/ mon iPod. | *I listen to music on my MP3 player/ my iPod.* |
| J'achète des CD avec mon argent de poche. | *I buy CDs with my pocket money.* |
| Je télécharge les chansons que j'aime. | *I download songs I like.* |

> **remember >>**
>
> **A lot of French words look the same (or almost) as their English equivalents. How many can you spot on this page?**

## C Cinema

| | |
|---|---|
| On passe un film d'amour. | *There's a love film on.* |
| La séance commence à 19 heures. | *The performance starts at 7pm.* |
| C'est sous-titré? | *Are there subtitles?* |
| C'est en version originale/française. | *It's in the orginal/French version.* |
| J'adore (les films comiques). | *I love (comedies).* |
| Je déteste (les films d'épouvante). | *I hate (horror films).* |
| un film d'aventure/d'horreur | *adventure/horror film* |
| Je suis fana des films de guerre. | *I'm a fan of war films.* |
| un acteur/une actrice/ une vedette de cinéma | *an actor/an actress/film star (m. or f.)* |
| être célèbre/important(e) | *to be famous/important* |
| Les acteurs étaient excellents. | *The actors were excellent.* |
| La musique était géniale/nulle. | *The music was great/rubbish.* |
| C'était une histoire intéressante/ennuyeuse. | *It was an interesting/boring story.* |

> **remember >>**
>
> *C'était* (it was) **+ adjective is an easy way to describe something that happened in the past.**

## Grammar – imperfect tense (avoir/être)

| avoir | | être | |
|---|---|---|---|
| j'avais (*I had*) | nous avions | j'étais (*I was*) | nous étions |
| tu avais | vous aviez | tu étais | vous étiez |
| il/elle/on avait | ils/elles avaient | il/elle/on était | ils/elles étaient |

## D Books

| | |
|---|---|
| J'aime lire les romans. | *I like reading novels.* |
| Je lis le journal chaque jour. | *I read the paper every day.* |
| Récemment, j'ai lu un livre de science-fiction. | *I read a science fiction book recently.* |
| C'était un roman compliqué/difficile. | *It was a complicated/difficult novel.* |
| J'adore les bandes dessinées. | *I love comics.* |
| un écrivain bien connu | *a well-known writer* |
| L'histoire n'était pas intéressante. | *The story wasn't interesting.* |
| Il s'agissait d'une famille. | *It was about a family.* |
| Ça se passait en Italie. | *It took place in Italy.* |
| C'était triste/amusant. | *It was sad/funny.* |
| J'ai beaucoup pleuré/ri. | *I cried/laughed a lot.* |
| Je l'ai trouvé compliqué. | *I found it complicated.* |
| C'était comique/drôle/amusant. | *It was comic/funny.* |

**remember >>**

A lot of these expressions can be used when talking about films, plays and television programmes.

**remember >>**

Try texting your friends in French.

## E Modern technology

| | | | |
|---|---|---|---|
| Je voudrais un lecteur MP3. | *I'd like an MP3 player.* | Je fais des achats sur Internet. | *I buy things on the Internet.* |
| un lecteur DVD | *a DVD player* | J'écris un blog. | *I write a blog.* |
| un ordinateur (portable) | *a (laptop) computer* | Je vérifie mes emails tous les soirs. | *I check my emails every evening.* |
| le clavier | *the keyboard* | la connexion Internet haut débit sans fil | *wireless broadband Internet connection* |
| l'écran | *the screen* | un (téléphone) portable | *a mobile (phone)* |
| la souris | *the mouse* | Je t'envoie un SMS/un texto. | *I'll send you a text.* |
| Je surfe sur Internet. | *I surf the Internet.* | On a la télé numérique/câblée/par satellite. | *We have digital/cable/satellite TV.* |

# >> practice questions

*Say five things about a book you have read or a film you have seen recently.*

**Exemple: Récemment, j'ai lu le livre…**
           **Un film que j'ai bien aimé, c'est …**

# Media

> 🐭 **To improve your accent, practise speaking aloud.
> Try recording yourself.**

> 🐭 **In the listening and reading exams, all instructions are in
> English. There are no trick questions, so relax.**

## A Techno questionnaire

**READx**

**1** Tick the boxes to give your own answers for the survey.

**1** Dans ma chambre, j'ai …
   **a** un ordinateur
   **b** une télé
   **c** une radio
   **d** une console de jeux
   **e** un lecteur MP3/un iPod
   **f** une calculatrice.

**2** J'utilise un ordinateur pour …
   **a** envoyer des emails.
   **b** parler avec mes amis
   **c** surfer sur Internet
   **d** faire des achats sur Internet
   **e** lire ou écrire un blog
   **f** faire mes devoirs

**3** Pour savoir ce qui se passe dans le
   monde, je préfère …
   **a** lire un journal.
   **b** regarder les infos à la télé.
   **c** écouter la radio.
   **d** consulter l'Internet.

**4** Le soir, j'aime bien …
   **a** parler sur mon portable.
   **b** aller au cinéma.
   **c** jouer aux jeux de console
   **d** regarder une bonne émission
      à la télé.

**5** J'utilise un réseau social
   (comme Facebook) …
   **a** tous les jours.
   **b** assez souvent.
   **c** de temps en temps.
   **d** jamais.

**6** Pour moi, la vie serait impossible
   sans …
   **a** mon portable.
   **b** la télé.
   **c** un ordinateur.
   **d** les jeux de console.

**2** Say your completed sentences out loud and try to learn them by heart.

## Grammar – negatives

| ne … pas: | Je **ne** regarde **pas** la télé. (*I don't watch TV.*) |
|---|---|
| ne … plus: | Je **ne** regarde **plus** les dessins animés. (*I don't watch cartoons anymore.*) |
| ne … jamais: | Je **n**'écoute **jamais** la radio. (*I never listen to the radio.*) |
| ne … rien: | Samedi soir, je **ne** fais **rien** de spécial. (*Saturday evening I'm not doing anything special.*) |
| ne … personne: | Je **ne** connais **personne** qui aime le jazz. (*I don't know anybody who likes jazz.*) |

> **remember >>**
> Look up any words
> you don't know in
> a dictionary, or
> ask your teacher
> – make a note
> of them in your
> vocabulary book
> to learn.

## B TV and music

### WRITE

Write five positive sentences about TV programmes and music.
Then write five negative ones.

**Exemple**:

*Je m'intéresse beaucoup
aux émissions de télé-réalité.*

*Je ne regarde jamais
les dessins animés*

## C At the cinema

### SPEAK

Act out this dialogue at the cinema kiosk with a friend.

– Bonsoir.

– Bonsoir. *Deux* places pour salle *trois*, s'il vous plaît.

– Oui, d'accord.

– Ça fait combien? Il y a des réductions pour les *étudiants*?

– Oui. Vous avez des pièces d'identité?

– Voilà.

– Merci. Alors, ça fait *dix-huit euros quarante*.

– Et le film commence à quelle heure?

– Il commence à *vingt heures dix*.

– Très bien. Et la séance finit à quelle heure?

– Elle finit à *vingt-deux heures trente*.

– Excusez-moi, mais c'est en version française?

– Non, désolé, c'est en version originale. Mais c'est sous-titré.

– Merci beaucoup.

– De rien.

> **remember >>**
>
> **Practise saying
> as much French
> as possible out
> loud to help
> improve your
> pronunciation.**

## >> practice questions

**Adapt the dialogue above to include the following information:**

- **three tickets for cinema two**
- **film: 17:20–19:45**
- **reductions for children?**
- **in French.**
- **tickets cost 24 euros**

# Shopping and fashion – vocabulary

## A Shops

| | | | |
|---|---|---|---|
| un magasin de sport | *a sports shop* | une boutique | *small shop* |
| une boucherie | *butcher* | une parfumerie | *perfume shop* |
| une boulangerie | *bakery* | une pâtisserie | *cake shop* |
| une charcuterie | *delicatessen* | un bureau de tabac | *tobacconist* |
| une confiserie | *sweet shop* | une épicerie | *grocery shop* |
| une pharmacie | *chemist* | un supermarché | *supermarket* |
| un grand magasin | *department store* | un hypermarché | *hypermarket* |
| une bijouterie | *a jeweller's* | un centre commercial | *shopping centre* |
| la vitrine | *shop window* | | |

## B Clothes

| | | | |
|---|---|---|---|
| les vêtements | *clothes* | le manteau | *coat* |
| l'imperméable | *raincoat* | la veste | *jacket* |
| la chemise | *shirt* | la cravate | *tie* |
| le jean | *jeans* | le short | *shorts* |
| le jogging | *tracksuit* | le pantalon | *trousers* |
| le pyjama | *pyjamas* | le sweat-shirt | *sweatshirt* |
| le T-shirt | *T-shirt* | le pull | *jumper* |
| la jupe | *skirt* | la robe | *dress* |
| les baskets | *trainers* | les chaussettes | *socks* |
| les chaussures | *shoes* | le maillot de bain | *swimming costume* |
| la casquette | *cap* | le chapeau | *hat* |
| un blouson | *blouson-style jacket* | une ceinture | *belt* |
| les sandales | *sandals* | les gants | *gloves* |

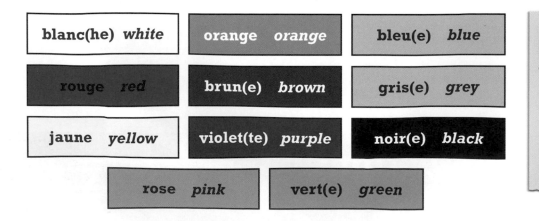

**blanc(he)** *white*  **orange** *orange*  **bleu(e)** *blue*

**rouge** *red*  **brun(e)** *brown*  **gris(e)** *grey*

**jaune** *yellow*  **violet(te)** *purple*  **noir(e)** *black*

**rose** *pink*  **vert(e)** *green*

### remember >>

When describing clothes, colour adjectives come *after* the noun, e.g.: *une veste noire* (a black jacket).

## C · Buying clothes

| | |
|---|---|
| Est-ce que je peux vous aider? | *Can I help you?* |
| Je cherche (un manteau). | *I'm looking for (a coat).* |
| De quelle taille/pointure? | *Which size/shoe size?* |
| De quelle couleur? | *Which colour?* |
| En petite/en grande taille/en bleu. | *Small/large/in blue.* |
| En 38/en taille moyenne. | *38/medium.* |
| Est-ce que je peux l'essayer? | *Can I try it on?* |
| C'est trop grand/petit. | *It's too big/small.* |
| Ça coûte combien? | *How much does it cost?* |
| C'est trop cher/bon marché. | *It's too expensive/cheap.* |
| Je ne l'aime pas. | *I don't like it.* |
| Je n'achète jamais de vêtements de marque. | *I never buy designer clothes.* |
| Je préfère le look sport/décontracté. | *I prefer the sporty/casual look.* |
| C'est à la mode/démodé. | *It's fashionable/not fashionable.* |
| en laine/en cuir/en coton | *woollen/leather/cotton* |

**remember >>**

French currency is the *euro*. 100 *cents* make one *euro*.

## D · High numbers

| | | | | | |
|---|---|---|---|---|---|
| soixante et un | 61 | soixante-quatorze | 74 | quatre-vingt-douze | 92 |
| soixante-deux | 62 | soixante-quinze | 75 | quatre-vingt-treize | 93 |
| soixante-trois | 63 | soixante-scize | 76 | quatre vingt quatorze | 94 |
| soixante-quatre | 64 | soixante-dix-sept | 77 | quatre-vingt-quinze | 95 |
| soixante-cinq | 65 | soixante-dix-huit | 78 | quatre-vingt-seize | 96 |
| soixante-six | 66 | soixante-dix-neuf | 79 | quatre-vingt-dix-sept | 97 |
| soixante-sept | 67 | quatre-vingts | 80 | quatre-vingt-dix-huit | 98 |
| soixante-huit | 68 | quatre-vingt-un | 81 | cent | 100 |
| soixante-neuf | 69 | quatre-vingt-deux | 82 | cent un | 101 |
| soixante-dix | 70 | quatre-vingt-trois | 83 | deux cents | 200 |
| soixante et onze | 71 | quatre-vingt-quatre | 84 | mille | 1000 |
| soixante-douze | 72 | quatre-vingt-dix | 90 | deux mille | 2000 |
| soixante-treize | 73 | quatre-vingt-onze | 91 | deux mille dix | 2010 |

# >> practice questions

*Write a list of six items of clothes you would take with you on a holiday to the south of France.*

**Exemple: Un short bleu en coton, ...**

# Shopping and fashion

- Numbers crop up in all sorts of contexts. You need to recognise them when you hear them so practise saying them aloud.

- With adjectives, always check position (before or after the noun?) and agreement (masculine or feminine? singular or plural?).

## A Know your numbers

### SPEAK

Practise saying aloud how much these things cost.

**Exemple:**
a  La veste coûte soixante-deux euros.

## Grammar – adjectives

Most adjectives come after the noun, but **grand, petit, nouveau, vieux** come before.

Note their endings as well.

| masculine singular: | un grand, petit, nouveau, vieux jean bleu |
| feminine singular: | une grande, petite, nouvelle, vieille jupe bleue |
| masculine plural: | deux grands, petits, nouveaux, vieux jeans bleus |
| feminine plural: | deux grandes, petites, nouvelles, vieilles jupes bleues. |

## B Describing clothes

### WRITE

1  Match the beginnings and endings to make the names of items of clothing.

JU      PANT      MISE      ALON      SSURES      BE

CHAU      CHE

SON

BLOU      RO      PE

**remember >>**

Accurate spelling means you won't lose marks.

2  Now include those clothes words in a sentence with two adjectives to describe each of them, as in the example below.

**Exemple:** Hier, j'ai acheté un nouveau T-shirt blanc.

32

## C What I wear

**1** Read what two French teenagers think about clothes.

**Morgane**

J'ai seize ans. Pour moi, la mode, c'est très important. J'adore le look habillé, à la mode. J'achète mes vêtements dans les petites boutiques ou sur Internet. C'est assez cher mais on a un très grand choix. Je préfère les vêtements de marque parce que la qualité est meilleure.

Pour aller au lycée, je mets un pantalon avec un pull ou une veste. En hiver, je mets un manteau long. C'est mon vêtement favori. Pour aller à une surprise-party, je mets une jolie robe ou un pantalon élégant.

Aujourd'hui, je porte un pantalon noir et une chemise blanche.

**Loïc**

J'ai quinze ans. Normalement, j'achète mes vêtements au supermarché ou au marché. C'est bon marché. Je préfère le look décontracté parce que c'est le plus pratique. La mode ne m'intéresse pas beaucoup. Le plus souvent, c'est ma mère qui achète mes vêtements.

Quand je vais au collège, je mets un vieux jean et un T-shirt noir, avec des baskets. Quand il fait froid, je mets un blouson en cuir.

Pour aller à une surprise-party, je mets un pantalon gris et une chemise bleue.

Aujourd'hui, je porte un sweat à capuche gris avec un vieux pantalon noir.

**2** For each statement below, tick one box: Morgane, Loïc or Both.

| | | Morgane | Loïc | Both |
|---|---|---|---|---|
| a | I love fashion. | | | |
| b | I sometimes buy clothes online. | | | |
| c | I like to look casual. | | | |
| d | I choose good quality designer clothes. | | | |
| e | I often wear old jeans to school. | | | |

| | | Morgane | Loïc | Both |
|---|---|---|---|---|
| f | In cold weather, I wear a leather jacket. | | | |
| g | My favourite item of clothing is my coat. | | | |
| h | Today I am wearing black trousers. | | | |

# >> practice questions

**Speak for two or three minutes about what you wear. You could adapt some of Morgane or Loïc's sentences, and use the bullet points below as prompts:**

- **My attitude to fashion**
- **Where I buy clothes and why**
- **My favourite outfit**
- **What I wear for school/for going out/when the weather is cold**
- **What I am wearing today.**

**Record your presentation. Then listen and see if there is any way you can improve it.**

**exam tip >>**

If you use bullet points in English as prompts in your speaking assessment, make sure you have all the French vocabulary you need for each one at your fingertips.

# Holidays – vocabulary

## A Holiday plans

| Pendant les vacances (d'été) … | In the (summer) holidays … |
|---|---|
| Cette année/L'année prochaine, je vais aller en France. | This year/Next year, I'm going to go to France. |
| Je vais passer trois jours à Paris. | I'm going to spend three days in Paris. |
| On va voyager en train/en car. | We're going to travel by train/coach. |
| Je voudrais aller à la Méditerranée. | I'd like to go to the Mediterranean. |
| l'agence de voyages | the travel agents |
| Cette année, je ne pars pas. | This year I'm not going away. |
| Je préfère rester à la maison. | I'd rather stay at home. |

**remember >>**

Talking about travel? There is a useful list of countries and means of transport on page 38.

## B A past holiday

| L'année dernière, je suis allé(e) …à Scarborough/en Espagne/à l'étranger. | Last year, I went … to Scarborough/ to Spain/abroad. |
|---|---|
| J'y suis allé(e) en voiture/en avion/en bateau. | I went by car/by plane/by boat. |
| On a pris le train jusqu'à l'aéroport. | We took the train to the airport. |
| C'était un voyage pénible/génial. | It was a dreadful/great journey. |
| Je suis resté(e) une semaine en Irlande. | I stayed a week in Ireland. |
| quinze jours/un mois | a fortnight/a month |
| On est allé(s) au bord de la mer. | We went to the seaside. |
| à la montagne/à la campagne | to the mountains/to the countryside |
| Il faisait beau/mauvais. | The weather was good/bad. |
| Il y avait une piscine/un lac. | There was a swimming pool/a lake. |
| Je suis allé(e) à la plage tous les jours. | I went to the beach every day. |
| J'ai nagé dans la mer. | I swam in the sea. |
| J'ai visité la cathédrale/un château. | I visited the cathedral/a castle. |
| J'ai acheté des cartes postales/des souvenirs. | I bought postcards/souvenirs. |
| On a loué des vélos/une voiture. | We hired bikes/a car. |
| C'était un séjour super/intéressant/sympa. | It was a great/interesting/nice trip. |
| C'était nul/ennuyeux parce que … | It was rubbish/boring because … |

**remember >>**

More expressions to describe what the weather was like on page 50.

## Grammar – the perfect tense

| avoir | j'ai eu | I had | faire | j'ai fait | I did |
|---|---|---|---|---|---|
| boire | j'ai bu | I drank | lire | j'ai lu | I read |
| devoir | j'ai dû | I had to | mettre | j'ai mis | I put on |
| dire | j'ai dit | I said | pouvoir | j'ai pu | I could |
| dormir | j'ai dormi | I slept | prendre | j'ai pris | I took |
| écrire | j'ai écrit | I wrote | voir | j'ai vu | I saw |
| être | j'ai été | I was | vouloir | j'ai voulu | I wanted |

**remember >>**

A lot of verbs of movement form the perfect tense with *être*, like *aller* > *je suis allé(e)*.

## C Accommodation

| | | | |
|---|---|---|---|
| On a logé dans un hôtel trois étoiles. | We stayed in a 3 star hotel. | On a fait du camping. | We went camping. |
| J'ai réservé les chambres sur Internet. | I booked the rooms on the Internet. | un camping | a campsite |
| une chambre double/pour une personne | a double/single room | un emplacement | a site/place (for a tent) |
| pour cinq nuits | for five nights | une tente | a tent |
| avec salle de bains/douche/balcon | with a bath/shower/balcony | une caravane | a caravan |
| demi-pension/pension complète | half board/full board | un sac de couchage | a sleeping bag |
| Avez-vous une chambre libre? | Do you have any rooms free? | le bloc sanitaire | the shower/toilet facilities |
| Il y a un ascenseur/un parking? | Is there a lift/a car park? | Avez-vous une place libre du 6 au 11 août? | Do you have a pitch free from the 6th to the 11th of August? |
| Acceptez-vous les cartes de crédit? | Do you accept credit cards? | | |

| | | | |
|---|---|---|---|
| J'ai passé deux nuits dans une auberge de jeunesse. | I stayed two nights in a youth hostel. | On a loué un gîte. | We rented a self-catering cottage. |
| l'accueil | reception | On a logé chez l'habitant. | We stayed in a bed and breakfast. |
| le dortoir | dormitory | Je suis allé(e) chez mon correspondant français. | I went to stay with my French penfriend. |
| la salle de jeux | games room | J'ai passé trois semaines dans une colonie de vacances. | I spent three weeks at a summer camp. |

## D Eating out

| | | | |
|---|---|---|---|
| Avez-vous une table pour quatre personnes? | Have you got a table for four people? | Qu'est-ce que vous désirez comme boisson? | What would you like to drink? |
| Désolé, c'est complet. | I'm sorry, we're full. | Je voudrais un coca/une bière. | I'd like a coke/a beer. |
| Vous avez la carte? | Have you got a menu? | une bouteille de vin blanc/rouge | a bottle of white/red wine |
| C'est quoi exactement le couscous? | What is couscous? | Vous prenez un dessert? | Are you having a dessert? |
| C'est de la semoule avec des légumes. | It's semolina with vegetables. | Pour moi, la tarte aux fraises. | The strawberry tart for me. |
| Pour commencer, je prends les fruits de mer. | I'll have the seafood to start. | L'addition, s'il vous plaît! | The bill, please. |

| | | | |
|---|---|---|---|
| Je n'ai pas de couteau/fourchette/cuillère. | I haven't got a knife/fork/spoon. | J'ai commandé le poulet, pas le porc. | I ordered the chicken, not the pork. |
| Ce verre est sale. | This glass is dirty. | On n'a pas de pain. | We haven't got any bread. |

# >> practice questions

**What's in these dishes? Choose the right answer each time.**

**remember >>**

Use a dictionary to check the meaning of any words you are not sure of.

1  **une omelette:  a) des pâtes** [ ]   **b) des œufs** [✔]

   **c) de la bière** [ ]

2  **les chips:  a) du riz** [ ]   **b) du poisson** [ ]   **c) des pommes de terre** [ ]

3  **le saucisson: a) du porc** [ ]   **b) du fromage** [ ]   **c) des pois** [ ]

# Holidays

🔖 Read instructions and ALL options in multiple-choice questions carefully.

🔖 Try using a 'spider' diagram to help you in your speaking or written assessments.

## A  At the campsite

### READ

Multiple-choice questions are common in the reading exam. Make sure you read **all** the options carefully,

Read the advertisement about a campsite in France and then choose a letter for the correct ending for each sentence.

**Camping des Mimosas**
**Tél 0245.23.12.90**
**au bord de la mer**
**avec vue sur la plage**
- **40 emplacements pour tentes et caravanes**
- **ouvert tous les mois d'été**
- **adapté pour handicapés**
- **grande piscine, en plein air, avec deux toboggans**
- **petit supermarché sur le camping**
- **bloc sanitaire propre et moderne**
- **malheureusement les animaux ne sont pas admis**

1  The campsite is:

   a  in the country

   b  in the mountains

   c  at the seaside.

2  The site is open:

   a  all year round

   b  in the summer months

   c  just in July and August.

3  There is:

   a  an outdoor swimming pool

   b  an indoor swimming pool

   c  no swimming pool.

4  There is:

   a  a games room

   b  a supermarket

   c  a bar.

5  You are not allowed:

   a  to smoke

   b  to light fires

   c  to bring pets.

## B  At the hotel

### SPEAK

See how many questions or sentences you can make up by looking at this spider diagram.

### remember >>

**You are allowed to prepare brief notes or a picture to help you in your speaking assessment. A 'spider' diagram like the one on the right, mixing words and pictures, can be useful.**

**Exemples**:

– Je voudrais une chambre pour une personne.

– Avez-vous des chambres libres?

– Je désire une chambre avec une télévision.

**READ**

Start by reading the text through quickly to get the gist of it.

| mes vacations | |
|---|---|
| **Sam**: | Moi, je suis allé en Angleterre l'année dernière au mois d'août. Je suis allé en voiture avec mes parents et mon petit frère. On est allés près de Torquay, dans le sud-ouest de l'Angleterre. Nous avons pris le tunnel et le voyage était un peu long. On a loué une caravane dans un petit camping au bord de la mer parce qu'on aime le plein air, et puis c'est pas trop cher. |
| **Juliette**: | Moi, je ne suis jamais allée en Angleterre, mais j'aimerais bien y aller un jour. L'année dernière, avec mes grands-parents, on a loué un gîte. Nous avons passé quinze jours près de Blois. C'était un peu ennuyeux. Chaque jour, on a visité un château ou un musée parce que mon grand-père adore ça. Mais moi, je suis nulle en histoire alors je n'étais pas contente! |
| **Lucas**: | Vous avez de la chance! D'habitude, pendant les vacances, je reste à la maison. On ne part pas parce que mes parents n'aiment pas les voyages. Quand j'avais douze ans, j'ai fait un super voyage avec le collège. On est allés à Paris en car. Nous avons dormi dans une auberge de jeunesse très moderne, alors c'était super. Nous avons visité tous les monuments importants. C'était très intéressant. |

Answer the questions in English. You do not need to write full sentences.

**a**    Are the teenagers discussing past, present or future holidays?

**b**    When and where did Sam go last year?

**c**    What two things does Sam say about the journey?

**d**    Give two reasons why Sam's family rented a caravan.

**e**    What does Juliette say about England?

**f**    Who did Juliette go on holiday with last year?

**g**    Why did Juliette find the holiday dull?

**h**    What does Lucas usually do in the holidays and why?

**i**    How did Lucas get to Paris and what did he do there?

> **remember >>**
>
> Check whether you are expected to answer in full sentences or not.

# >> practice questions

**Imagine: you are just back home from a dream holiday you won in a competition. Use the bullet points below to help you write about it.**

- **Where did you go?**
- **Who with?**
- **Where did you sleep?**
- **What was it like?**
- **When and for how long?**
- **How did you travel?**
- **What did you do?**

> **exam tip   >>**
>
> Don't forget to use linking words when you write, for example: *et* (and), *mais* (but), *ou* (or), *parce que* (because), *alors* (so). Challenge yourself to use one of each when describing your holiday.

# Getting around – vocabulary

## A Transport

| un véhicule | a vehicle |
|---|---|
| les transports en commun | public transport |
| Je vais (au collège) à pied. | I walk (to school). |
| Je vais (en ville) en bus/voiture/taxi. | I go (to town) by bus/car/taxi. |
| Je vais (en France) en avion. | I'm going (to France) by plane. |
| Je suis allé(e) (au match) à vélo. | I went (to the match) by bike. |
| J'ai pris le train/métro. | I took the train/underground. |

## B Countries

| Country | Nationality | |
|---|---|---|
| l'Allemagne | allemand(e) | Germany/German |
| les Etats-Unis | américain(e) | United States/American |
| l'Angleterre | anglais(e) | England/English |
| la Belgique | belge | Belgium/Belgian |
| le Canada | canadien(ne) | Canada/Canadian |
| l'Ecosse | écossais(e) | Scotland/Scottish |
| l'Espagne | espagnol(e) | Spain/Spanish |
| la France | français(e) | France/French |
| la Grande-Bretagne | britannique | Great Britain/British |
| la Grèce | grec (grecque) | Greece/Greek |
| la Hollande | hollandais(e) | Holland/Dutch |
| l'Inde | indien(ne) | India/Indian |
| l'Irlande | irlandais(e) | Ireland/Irish |
| l'Italie | italien(ne) | Italy/Italian |
| le Pays de Galles | gallois(e) | Wales/Welsh |
| le Portugal | portugais(e) | Portugal/Portuguese |
| la Suisse | suisse | Switzerland/Swiss |

**remember >>**

No capital letters for nationalities in French.

**remember >>**

Use a dictionary to find the names of countries or nationalities that are important to you. For example, if your father is Polish, learn *polonais*.

## C At the station

| | | | |
|---|---|---|---|
| Un aller simple pour (Calais), s'il vous plaît. | A single ticket to (Calais), please. | Le train part de quel quai? | Which platform does the train leave from? |
| Un aller retour pour (Dieppe), s'il vous plaît. | A return to (Dieppe), please. | Il faut changer à (Lyon). | You have to change at (Lyon). |
| Première ou deuxième classe? | First or standard class? | C'est le train à destination de (Nice). | The train is going to (Nice). |
| Est-ce qu'il faut faire une réservation? | Do I have to reserve a seat? | Le train part/arrive à quelle heure? | What time does the train leave/arrive? |
| Le train est direct? | Is the train direct? | A vingt-deux heures dix. | At 22:10. |
| Oui, c'est direct. | Yes, it's direct. | C'est libre? | Is this (seat) free? |

## D  24-hour clock

| Il est une heure dix. | It's 01:10. |
|---|---|
| Il est dix heures quinze. | It's 10:15. |
| Il est treize heures quarante. | It's 13:40. |
| Il est seize heures vingt. | It's 16:20. |
| Il est dix-huit heures. | It's 18:00. |
| Il est vingt-deux heures trente. | It's 22:30. |

### remember >>

Timetables use the 24-hour clock. Revise numbers up to 59 to help you cope easily.

## E  Problems

| Le train a du retard. | The train is late. |
|---|---|
| Je ne peux pas composter mon billet parce que la machine ne marche pas. | I can't date-stamp my ticket because the machine is not working. |
| Je suis perdu(e). | I am lost. |
| J'ai perdu mon portefeuille/mon passeport. | I have lost my wallet/my passport. |
| On m'a volé mon appareil-photo. | Somebody has stolen my camera. |

# >> practice questions

*Say the following times aloud.*

**Exemple:  a  Il est treize heures vingt.**

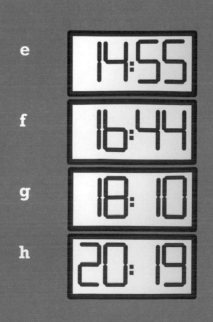

a  13:20

b  19:05

c  21:30

d  23:15

e  14:55

f  16:44

g  18:10

h  20:19

# Getting around

- *Plus* (more) and *moins* (less) can be used to compare things or when describing advantages and disadvantages.

- Learn the most common irregular verbs by heart. Look for patterns to help you remember.

## A Towns and countries

### SPEAK

Look at the luggage labels and say where you have been. **Exemple**: Je suis allé(e) au Japon.

ALGERIE
JAPON
ANGLETERRE
LONDRES
ROME
PORTUGAL
MOSCOU
AUSTRALIE
ESPAGNE

> **remember >>**
>
> 'in' or 'to'
> + feminine country = *en*
> (*en France*)
> + masculine country = *au*
> (*au Canada*)
> + town = *à* (*à Paris*)

Je ne peux pas aller au lycée à pied parce que j'habite assez loin du lycée. Alors mon père m'y amène souvent en voiture. Quand il fait beau, je vais au lycée à vélo. Pour mon anniversaire, je veux une moto. La moto, c'est moins fatigant que le vélo, et c'est plus rapide.

Pour aller en ville, je prends le bus ou le train. Le train est plus cher mais en bus le voyage est plus long.

## B How I travel

### READ

Read what Hugo says and answer the questions in English. You do not need to answer in full sentences.

Hugo, 17 ans

1 What two ways does Hugo get to school?

2 What does he want for his birthday?

3 Why would he prefer a motorbike?

4 Which two ways does he travel to town?

5 What does he say about the train?

6 What does he say about the bus journey?

> **remember >>**
>
> *Plus* + adjective + *que*
> = more
> *Le train est plus cher que le bus.* (The train is more expensive than the bus.)
> *moins* + adjective + *que* + less/not as
> *Le vélo est moins rapide que la moto.* (The bike is not as fast as the motorbike.)

## C Advantages and disadvantages

**1** Write these words and phrases in pairs, each with its opposite.
Use a dictionary to check if you are not sure of the meanings.

| cher | lent | rapide | dur | il faut attendre | facile | inconfortable |

écolo    économique           en commun           confortable
            pollue l'environnement        il ne faut pas attendre

individuel

**2** Practise writing about the advantages and disadvantages of these
three forms of transport. Use the words in the box above to help you.

**Exemple**: *Je ne prends jamais de taxis parce que c'est trop cher.*

**1 le taxi**         **2 l'autobus**         **3 le vélo**

### Grammar – four irregular verbs

|            | aller (to go) | faire (to do) | vouloir (to want) | pouvoir (to be able to) |
|------------|---------------|---------------|-------------------|--------------------------|
| je         | vais          | fais          | veux              | peux                     |
| tu         | vas           | fais          | veux              | peux                     |
| il/elle/on | va            | fait          | veut              | peut                     |
| nous       | allons        | faisons       | voulons           | pouvons                  |
| vous       | allez         | faites        | voulez            | pouvez                   |
| ils/elles  | vont          | font          | veulent           | peuvent                  |

**remember >>**

Some of the most
common verbs,
including *aller* (to go)
are irregular. Learn
them by heart. Look
for patterns to help
you: present tense *tu*
verbs always end in –s
or –x, *ils/elles* verbs
end –nt, etc.

# >> practice questions

*Make up a little conversation at a train
station, using some words and phrases
from page 38 and some of the irregular
verbs above.*

*Exemple:* Vous pouvez me dire à quelle
heure part le prochain train
pour Lille, s'il vous plaît?

**exam tip >>**

If you don't understand when someone is
speaking to you, ask: *Pouvez-vous répéter
la question, s'il vous plaît?* (Can you repeat
the question, please?) or say: *Désolé(e),
je n'ai pas compris.* (Sorry, I didn't
understand.) It works in the exam too.

# My home – vocabulary

## A  Rooms

| | | | |
|---|---|---|---|
| la cuisine | *kitchen* | la salle à manger | *dining room* |
| la chambre | *bedroom* | la salle de bains | *bathroom* |
| le salon/la salle de séjour | *lounge* | le bureau | *study* |
| le garage | *garage* | les toilettes | *toilet* |
| la cave/le sous-sol | *cellar/basement* | l'escalier | *stairs* |
| la terrasse | *patio* | l'entrée | *hall* |

## B  Furniture

| | | | |
|---|---|---|---|
| le fauteuil | *armchair* | la chaise | *chair* |
| l'armoire/le placard | *cupboard* | le lit | *bed* |
| la table | *table* | les meubles | *furniture* |
| la cuisinière à gaz | *gas cooker* | le four | *oven* |
| le four à micro-ondes | *microwave* | la douche | *shower* |
| le lavabo | *washbasin* | la machine à laver | *washing machine* |
| le frigo | *fridge* | le lave-vaisselle | *dishwasher* |
| la porte | *door* | la fenêtre | *window* |
| le miroir | *mirror* | le rideau | *curtain* |
| le tapis/la moquette | *carpet* | le chauffage central | *central heating* |
| le mur | *wall* | le canapé | *sofa* |

**remember >>**

You can revise vocabulary all the time at home by naming objects in French you see around you.

| | |
|---|---|
| Mes vêtements sont dans l'armoire. | *My clothes are in the cupboard.* |
| Il y a une lampe sur la table. | *There is a lamp on the table.* |
| Mes jeux sont sous le lit. | *My games are under the bed.* |
| Il y a une chaise au pied du lit. | *There's a chair at the end of the bed.* |
| La télé est au milieu de la chambre. | *The TV is in the middle of the room.* |
| J'ai des posters au mur. | *I've got posters on the wall.* |

## C  My house

| | |
|---|---|
| J'habite un appartement de (six) pièces. | *I live in a flat with (six) rooms.* |
| J'habite une maison jumelée. | *I live in a semi-detached house.* |
| la maison individuelle | *detached house* |
| un immeuble | *a block of flats* |
| Nous avons un grand/petit jardin. | *We've got a big/small garden.* |
| Nous n'avons pas de pelouse. | *We haven't got a lawn.* |
| La cuisine se trouve au rez-de-chaussée. | *The kitchen is on the ground floor.* |
| Il y a trois pièces au premier étage. | *There are three rooms on the first floor.* |
| J'ai ma propre chambre. | *I've got my own room.* |
| Je partage ma chambre avec ma sœur. | *I share my room with my sister.* |

# D Location

| | |
|---|---|
| J'habite/Nous vivons ... | *I live/We live ...* |
| dans une ville | *in a town* |
| dans un village | *in a village* |
| dans la banlieue | *in the suburbs* |
| à la campagne | *in the country* |
| au bord de la mer | *by the sea* |
| sur la côte | *on the coast* |
| dans une ferme | *on a farm* |
| au centre-ville | *in the city centre* |
| dans le nord/sud | *in the north/south* |
| dans l'est/l'ouest | *in the east/west* |
| près de Manchester | *near Manchester* |
| à 10 kilomètres de York | *10 kilometres from York* |

# E Further details

| | |
|---|---|
| Notre bâtiment est ... vieux/moderne/laid/beau/grand/petit. | *Our building is ... old/modern/ugly/nice/big/small.* |
| Il y a beaucoup de bruit ici. | *It's very noisy here.* |
| Mon quartier est très calme. | *My part of town is very quiet.* |
| Il y a mille habitants dans mon village. | *There are a thousand inhabitants in my village.* |
| De ma fenêtre, je vois des ... arbres/fleurs/champs/une rivière. | *From my window I can see ... trees/flowers/fields/a river.* |

**remember >>**

Adjectives have to agree: *Le village est beau./La ville est belle.*

# >> practice questions

Without looking at page 42, write the missing letters in below to spell out things connected with the home. Add in *le*, *l'* or *la* in front of each word. Then check with the lists on page 42.

**exam tip >>**

Correct spelling can earn you extra marks in your exam.

a  <u>le</u> l <u>i</u> t

b  __ ap __ art __ ment

c  __ d __ uch __

d  __ ta __ i __

e  __ es __ al __ er

f  __ cui __ ine

g  __ j __ rd __ n

h  __ __ alle de b __ in __

i  __ fen __ t __ e

j  __ pre __ ier éta __ e

43

# My home

 You can often adapt sentences to talk about your own situation.

 Use more than one tense when you speak or write to show off what you know.

## A Opinions about your home

### READ

**1** Read what these teenagers say about their homes. Which are positive and which are negative? Which of the sentences could you say about your home?

**a** J'aime bien vivre ici parce que l'appartement est moderne et confortable.

**Léna**

**b** Il n'y a pas assez de chambres alors je dois partager avec ma petite sœur qui est pénible.

**c** On a une vieille maison sans chauffage central. En hiver, il fait froid!

**Yannick**

**d** Le bâtiment est vieux et laid.

**e** Chez moi, il y a une grande cuisine avec une grande table où on prend les repas.

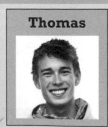
**Thomas**

**f** Ma chambre est assez grande avec un lit, une armoire et une console de jeux. C'est sympa.

**g** Dans ma chambre, il y a un tapis bleu et des rideaux bleus et blancs. C'est un peu démodé.

**Marie**

**h** Chez nous, on a un beau jardin derrière la maison, et on a une terrasse.

**2** Now adapt each sentence so that it applies to your home. For example, bubble **h** could be turned into: *Chez nous, on a un* petit *jardin* devant *la maison,* mais on n'a pas *de terrasse.*

Always be on the lookout for sentences you can adapt to talk about your own situation.

**READ**

**1** Read this text through quickly to get the gist of what it is about.

Don't worry about understanding every single word in a text, or translating it word for word – that's just not necessary.

> Salut! Je m'appelle Valentine et j'habite une maison jumelée dans la banlieue de Montpellier. Derrière la maison, il y a un petit jardin avec une pelouse et beaucoup de fleurs car ma mère aime faire du jardinage. Chez moi, au rez-de-chaussée, il y a une grande cuisine où on prépare et mange les repas. Il y a aussi une salle de séjour et un petit bureau.
>
> Les chambres se trouvent au premier étage. Ma chambre est jolie avec les murs blancs et un tapis bleu. Il y a un seul inconvénient: je dois partager ma chambre avec ma demi-sœur Marion. Heureusement, la chambre est grande. On a deux lits, une grande armoire et une table avec un ordinateur et une console de jeux. Quand mes copines viennent chez moi, on est souvent dans ma chambre. Nous écoutons de la musique, jouons sur ma console ou regardons des DVD.
>
> Je m'entends bien avec Marion mais j'aimerais bien avoir ma propre chambre. Je n'aime pas partager et je voudrais être plus indépendante.

**2** Answer the questions in English.

**a** Where does Valentine live? _____

_____ [1]

**b** What is in her garden? _____

_____ [2]

**c** Where is the living room? _____

_____ [1]

**d** What is her bedroom like? _____

_____ [3]

**e** Who does she share her bedroom with? _____ [1]

**f** What do Valentine and her friends do in her room? _____ [3]

> **exam tip  >>**
>
> **If there is a number in brackets at the end of a line where you write your answer, it indicates the number of points you can get for that answer. So if you see [3], make sure you include 3 details in your answer.**

# >> practice questions

*Imagine you want to rent a holiday home in France. Write an email to an estate agent explaining what you need. Use the bullet points below.*

- *who you are and reason for writing*
- *your preferred location (give reasons)*
- *type of accommodation you'd like*
- *mention a previous visit to the area and why you liked it*

*Exemple:* **Monsieur/Madame**
**Ma famille (mon père, ma ..... etc.) voudrait louer une maison pour le mois d'août. Nous cherchons ... avec ... Si possible, on aimerait aussi ...**

# Special occasions – vocabulary

## A  Special dates in the French calendar

| | |
|---|---|
| une fête | holiday/festival/party |
| le Nouvel An | New Year |
| la Fête des Rois | Epiphany |
| la Saint-Valentin | Valentine's Day |
| le Carnaval | carnival |
| Pâques | Easter |
| le premier avril | April Fool's Day |
| la fête des Mères/Pères | Mother's/Father's Day |
| le quatorze juillet | 14th July (French national day) |
| Halloween | Hallowe'en |
| Noël | Christmas |
| la Saint-Sylvestre | New Year's eve |
| On fête la Saint-Sylvestre le 31 décembre. | We celebrate New Year's eve on the 31st December. |
| un anniversaire | birthday |
| un mariage | wedding |
| une boum/une surprise-party | party |
| un festival de musique | music festival |

## B  Greetings

| | |
|---|---|
| Joyeux Noël! | Happy Christmas! |
| Joyeuses Pâques! | Happy Easter! |
| Bonne fête! | Enjoy the holiday! |
| Bon anniversaire! | Happy birthday! |
| Bonne année! | Happy New Year! |

> **remember** >>
> Revise months of the year (page 2).

## C  How we celebrate

| | |
|---|---|
| C'est un jour en famille. | It's a family day. |
| C'est une fête religieuse. | It's a religious festival. |
| C'est une journée spéciale. | It's a special day. |
| C'est un jour férié. | It's a bank holiday. |

| | |
|---|---|
| On chante et on danse. | We sing and dance. |
| On mange des gâteaux. | We eat cakes. |
| On se fait des cadeaux. | We give presents. |
| On envoie des cartes de vœux. | We send greetings cards. |
| On a trois jours de congé. | We have three days off. |
| Il y a un feu d'artifice. | There is a firework display. |
| un défilé | parade |

> **remember** >>
> In French, you can often use *on* to talk about what 'one/you/we' do. It follows the same pattern for the verb as *il/elle* (he/she): *on/il/elle est/ joue/danse …*

## D Last Christmas

| | |
|---|---|
| On a décoré la maison. | *We decorated the house.* |
| On a acheté un sapin. | *We bought a Christmas tree.* |
| On a envoyé des cartes. | *We sent cards.* |
| J'ai reçu des cadeaux. | *I got presents.* |
| On est allé(e)s à l'église. | *We went to church.* |
| On a mangé de la dinde. | *We ate turkey.* |
| J'ai fait une bûche de Noël. | *I made a Christmas log (cake).* |
| C'était génial/sympa/ennuyeux. | *It was great/nice/dull.* |
| C'était la meilleure journée de l'année. | *It was the best day of the year.* |

### Grammar – good, better, best

| | good | better | best |
|---|---|---|---|
| *m. sing.* | bon | meilleur | le meilleur |
| *f. sing.* | bonne | meilleure | la meilleure |
| *m. plural* | bons | meilleurs | les meilleurs |
| *f. plural* | bonnes | meilleures | les meilleures |

# >> practice questions

*Give the name of the French holiday:*

a   on la fête le vingt-cinq décembre

b   c'est le premier janvier

c   ça a lieu le 31 décembre

d   pour les amoureux, le quatorze février.

# Special occasions

- Stuck? Use your common sense and make a 'clever' guess.
- Be well prepared for speaking tasks.

## A Special occasions

**WRITE**

List the five special occasions hidden in this word snake.

MARIAGEQBOUMXANNIVERSAIRESLPÂQUESWLNOËLX

## B Which occasion?

**READ**

 Read the speech bubbles and underline any words you don't know.

- Can you guess the meaning of the words?

- Are these words important for the task in **2**?

A bit of common sense or a 'clever' guess can help you in your exams if you are stuck.

 Sort the sentences into the three columns:

**remember >>**

*Pâques* and *Noël*
don't have *le* or *la*
in front of them.
(*La Pâque juive* does!)

| Noël | Pâques | un festival de musique |
|------|--------|------------------------|
|      |        | *a*                    |
|      |        |                        |

**a**
J'ai acheté les billets à l'avance sur Internet.

**d**
Cette année, ce sera au mois de mars, mais l'année dernière, c'était en avril.

**f**
Le vendredi saint et le lundi sont des jours fériés, alors on ne travaille pas.

**b**
Les enfants ont cherché des œufs en chocolat dans le jardin.

**e**
Pour les Chrétiens, c'est une fête religieuse très importante parce que c'est l'anniversaire de la naissance de Jésus, et pour ma famille, c'est aussi un jour en famille.

**g**
Il y a des milliers de spectateurs, surtout des jeunes, et l'ambiance est toujours sympa.

**c**
Ça a lieu au mois de juin, en plein air, avec tous les meilleurs groupes et les meilleurs chanteurs.

## C Last Christmas

**SPEAK**

 Make sure you are prepared for speaking tasks.

- Jot down any words or phrases you think will be useful.

- Think about what tense(s) you will need to use.

- Use the perfect for completed actions in the past: *On a dansé jusqu'à minuit.*

- Use the imperfect for descriptions in the past: *C'était génial!*

- Try to bring in more than one tense: when talking about something in the past, you could compare it to what you usually do (present tense), what you would like to do (conditional) or what you plan to do in future (*aller* + infinitive or future tense).

- When describing a sequence of events, you could include:

  - *d'abord* (first of all)

  - *ensuite* (then)

  - *après* (after that)

  - *finalement* (finally).

- Don't forget you can earn extra marks for giving your opinion.

2 Speak for two minutes about what you did last Christmas.

Use the vocabulary on page 46 and the bullet points above to help you.

remember >>

Speak as often as you can in class and you'll soon feel more confident.

# >> practice questions

**Write at least eight sentences about a festival or special event in your area.**

- **What is it called?**
- **Where does it take place?**
- **When is it?**
- **How long does it last?**
- **What is there to do?**

# My town – vocabulary

For more places in a town see Shops on page 30.
To describe the location of your town, revise the phrases on page 43.

## A  What's it like?

| Ma ville/La région est … jolie/historique/industrielle/touristique | My town/The region is … pretty/historic/industrial/touristy |
| Il y a dix mille habitants. | There are ten thousand inhabitants. |

## B  Places in town

| Dans ma ville, il y a (un marché). | In my town, there's (a market). |
| Il n'y a pas (d'hôpital). | There isn't (a hospital). |

| un stade | stadium | un aéroport | airport |
|---|---|---|---|
| un monument | monument | un musée | museum |
| une cathédrale | cathedral | un château | castle |
| un port | port | une plage | beach |
| un cinéma | cinema | une église | church |
| une piscine | swimming pool | un théâtre | theatre |
| un hôtel de ville | town hall | une mairie | town hall |
| une gare | station | une gare routière | bus station |
| un office de tourisme/un syndicat d'initiative | tourist office | une bibliothèque | library |
| une université | university | le centre-ville | town centre |
| un cybercafé | Internet café | une librairie | bookshop |
| une maison de la presse | newsagents | une poste | post office |
| une banque | bank | un commissariat | police station |

**remember >>**

For more places in a town see Shops on page 30.
To describe the location of your town, revise the phrases on page 43.

**remember >>**

You can pop a weather phrase into your spoken and written work when talking about a variety of topics, e.g. holidays, a special occasion, an outing …

## C  The weather

| Là où j'habite, il fait froid en hiver. | Where I live it's cold in winter. | Il pleut souvent. | It often rains. |
|---|---|---|---|
| au printemps | in the spring | Il y a des averses. | There are showers. |
| en été | in summer | Il y a du brouillard. | It's foggy. |
| en automne | in the autumn | Le climat est pluvieux/ agréable. | The climate is rainy/ pleasant. |
| Il fait beau. | It's nice. | Il neige/Il gèle. | It snows/It's freezing. |
| Il fait mauvais. | The weather's bad. | Il y a des nuages. | It's cloudy. |
| Il fait chaud. | It's hot. | La température est basse/ haute. | The temperature is low/ high. |
| Il y a du soleil. | It's sunny. | Hier, il faisait beau et il y avait du soleil. | Yesterday it was hot and sunny. |
| Il y a du vent. | It's windy. | Demain, selon la météo, il fera froid et il y aura des nuages. | Tomorrow, according to the weather forecast, it will be cold and cloudy. |

## D  Finding the way

| | |
|---|---|
| Voici un plan de la ville. | Here's a map of the town. |
| Il y a un café au coin de la rue. | There is a café at the corner of the street. |
| en face de (la mairie) | opposite (the town hall) |
| à côté de (l'hôpital) | next to (the hospital) |
| près de (la plage) | near (the beach) |
| derrière/devant (le musée) | behind/in front of (the museum) |
| entre (la gare) et (la poste) | between (the station) and (the post office) |

| | |
|---|---|
| Où est le commissariat? | Where is the police station? |
| Pour aller (à l'office de tourisme), s'il vous plaît? | Could you tell me how to get to the tourist office, please? |
| Est-ce qu'il y a un arrêt d'autobus près d'ici? | Is there a bus stop near here? |
| Allez tout droit. | Go straight on. |
| Prenez la première (rue) à droite. | Take the first (street) on the right. |
| Prenez la deuxième (rue) à gauche. | Take the second (street) on the left. |
| Tournez à droite au rond-point. | Turn right at the roundabout. |
| Aux feux, continuez tout droit. | At the traffic lights, carry straight on. |
| Traversez la place/le pont. | Cross over the square/the bridge. |

| | |
|---|---|
| C'est assez loin. | It's quite a long way. |
| Ce n'est pas loin. | It's not far. |
| C'est à cinq minutes à pied de chez moi. | It's five minutes' walk from my house. |

**remember >>**

There's nearly always more than one way of saying things. When you're asking the way to places, you can ask: *Comment va-t-on au/à la ...?* as well as *Où est le/la ...?* or *Où se trouve le/la ...?* or *C'est où, le/la ...?*

### Grammar – giving instructions

| | |
|---|---|
| to a friend (tu) | tourne/traverse/continue/va |
| to a stranger/adult (vous) | tournez/traversez/continuez/allez |
| negative | **Ne** tournez **pas** à droite. **Ne** traverse **pas** le pont. |

# >> practice questions

*When you're revising French vocabulary, you might find it helpful to draw symbols or sketch pictures for the words to help you remember them.*

*Draw a picture for each of these phrases to help you learn them.*

a  **tournez à droite**

b  **tournez à gauche**

c  **continuez tout droit**

d  **traversez le pont**

e  **en face de l'église**

f  **à côté de la banque**

# My town

🐟 Learn the language of signs, and use your common sense to work out what they mean.

🐟 Read all parts of multiple-choice questions carefully.

## A Signs

### READ

① Signs often crop up in Foundation-level papers. Learn some common phrases that occur in different situations, such as:

**Défense de** fumer (**No** smoking)

**Défense de** stationner (**No** parking)

Chiens **interdits** (Dogs **not allowed**)

**Interdit** aux moins de 18 ans (Under 18s **not allowed**).

Use your common sense. Even if you do not know the word *ouvert* on sign 1 below, you should recognise *dimanche*.

② On holiday in France, you see the following signs. Do you understand what they mean? Write a letter a–f beside each one to show the meaning.

1
*Ouvert le dimanche* ☐

2
JEUX DE BALLON INTERDITS ☐

3
**Tenez les chiens en laisse** ☐

4
GARE SNCF ☐

5
SYNDICAT D'INITIATIVE/RENSEIGNEMENTS ☐

6

ZONE PIÉTONNE ☐

a  Ball games are not allowed

b  Open on Sundays

c  Pedestrians only

d  Train station

e  Tourist information

f  You have to keep your dog on a lead

## B Town centre

### READ

Reading exams often include multiple-choice questions. You can write on the exam paper so you could cross out any of the options you are sure are wrong to narrow down your choice. Be sure to read all the options carefully.

① Read the email on the next page.

remember >>

Read small words like *entre* and *devant* very carefully – they are important as they tell you about the position of things.

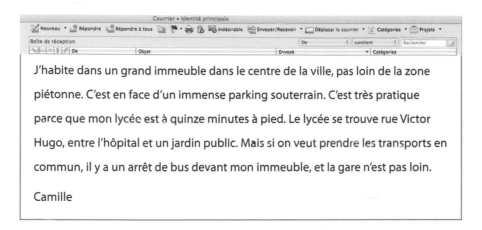

Courrier • Identité principale

Nouveau ▾ | Répondre | Répondre à tous | ... Indésirable | Envoyer/Recevoir ▾ | Déplacer le courrier ▾ | Catégories ▾ | Projets ▾

Boîte de réception | De ▾ | contient ▾ | Rechercher

De | Objet | Envoyé ▾ | Catégories

J'habite dans un grand immeuble dans le centre de la ville, pas loin de la zone piétonne. C'est en face d'un immense parking souterrain. C'est très pratique parce que mon lycée est à quinze minutes à pied. Le lycée se trouve rue Victor Hugo, entre l'hôpital et un jardin public. Mais si on veut prendre les transports en commun, il y a un arrêt de bus devant mon immeuble, et la gare n'est pas loin.

Camille

**2** Circle a letter to show the correct ending to each sentence.

**1 Camille lives:**

  a  in a house.

  b  in a cottage.

  c  in a block of flats.

**2 There is an underground car park:**

  a  opposite where she lives.

  b  at the back of where she lives.

  c  underneath her home.

**3 Her school is between:**

  a  a park and a hospital.

  b  a car park and a hospital.

  c  a hospital and a bus station.

**4 There is a bus stop:**

  a  at the corner of her street.

  b  in front of her home.

  c  five minutes' walk from her home.

**5 The station is:**

  a  next door to her home.

  b  a long way away.

  c  not far away.

**6 In her street, there is:**

  a  a bank and a cinema.

  b  a supermarket and a post office.

  c  a supermarket and a bank.

# >> practice questions

**A friend is visiting you. He's coming by bus.**
**Write directions from the bus stop to your house.**

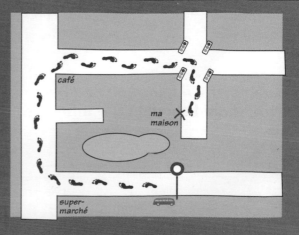

# Environmental issues – vocabulary

## A In my town

| | |
|---|---|
| La ville est très polluée. | *The town is very polluted.* |
| Les trottoirs sont sales. | *The pavements are dirty.* |
| Il y a des déchets partout. | *There is litter everywhere.* |
| Il y a trop de circulation. | *There is too much traffic.* |
| Il n'y a pas assez de pistes cyclables. | *There are not enough cycle paths.* |
| Il y a trop de camions sur les routes. | *There are too many lorries on the roads.* |
| Les embouteillages sont affreux. | *The traffic jams are awful.* |
| Les heures d'affluence sont un grand problème. | *Rush hours are a big problem.* |

## B Being 'green'

| | |
|---|---|
| Je suis végétarien(ne). | *I'm vegetarian.* |
| Je vais partout à vélo. | *I go everywhere by bike.* |
| Je vais à l'école à pied. | *I walk to school.* |
| Je prends les transports en commun. | *I use public transport.* |
| Je respecte la nature. | *I respect nature.* |
| J'ai baissé le chauffage central. | *I've turned down the central heating.* |
| J'éteins la lumière quand je quitte une pièce. | *I switch off the light when I leave a room.* |
| Je prends une douche, pas un bain. | *I take a shower, not a bath.* |
| Je porte les boîtes en carton au centre derecyclage. | *I take cardboard boxes to the recycling centre.* |
| Je trie mes déchets. | *I sort my rubbish.* |
| J'achète des produits équitables. | *I buy fair trade products.* |
| Je choisis les produits bio. | *I choose organic products.* |
| Je n'utilise jamais de sacs en plastique. | *I never use plastic bags.* |
| J'évite les produits avec trop d'emballages. | *I avoid products with too much packaging.* |
| Je ne m'intéresse pas aux problèmes environnementaux. | *I'm not interested in environmental problems.* |
| On utilise de l'essence sans plomb. | *We use unleaded petrol.* |

### remember >>

Cover the English column and say the English as you look at the French column. Check that you were right.

## Grammar – *il faut/il ne faut pas* (you should/shouldn't) + infinitive

| |
|---|
| *Il faut* aller au centre de recyclage. |
| *Il ne faut pas* jeter des papiers par terre. |
| *Il faut* can also mean 'we' or 'people' should. The form does not change. |

## C  Environmental problems

| | |
|---|---|
| A mon avis … | *In my opinion …* |
| On utilise trop d'énergie. | *We use too much energy.* |
| La qualité de l'air est atroce. | *Air quality is terrible.* |
| La pollution est un problème mondial. | *Pollution is a worldwide problem.* |
| Les animaux sont en danger. | *Animals are in danger.* |
| La pollution de la mer m'inquiète. | *Sea pollution worries me.* |
| Les plantes ont besoin de protection. | *Plants need protection.* |
| J'ai peur des effets … | *I'm afraid of the effects …* |
| du réchauffement climatique. | *of global warming.* |
| de la pollution. | *of pollution.* |
| de la surpêche. | *of overfishing.* |
| du trou dans la couche d'ozone. | *of the hole in the ozone layer.* |

**remember >>**

Use the phrase **à mon avis** (in my opinion) when writing about other topics too.

## D  Solutions

| | |
|---|---|
| Il faut (respecter la nature). | *You should (respect nature).* |
| Il ne faut pas (gaspiller l'eau). | *You should not (waste water).* |
| On doit (sauvegarder les animaux). | *We must (look after animals).* |
| On ne doit pas (jeter les cannettes). | *We must not (throw away tin cans).* |
| On devrait (conserver l'énergie). | *We should (save energy).* |
| On ne devrait pas (trop voyager en avion). | *We should not (fly too often).* |
| On a besoin de (protéger les forêts) | *We need to (protect forests).* |
| Il est important de (consommer local). | *It's important to (buy local produce).* |

**remember >>**

If you can vary the way you make suggestions, you will get a better mark in your speaking and writing assessments.

## >> practice questions

*What do you think? Write in one of the phrases from section D to complete each of the sentences.*

a _____ faire du vélo.

b _____ acheter des produits bio.

c _____ protéger l'environnement.

d _____ détruire les fôrets.

e _____ planter des arbres.

f _____ acheter du papier recyclé.

*Learn by heart your top five tips for being environmentally friendly.*

# Environmental issues

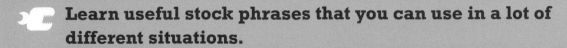

- Learn useful stock phrases that you can use in a lot of different situations.

- Develop strategies for working out what new words mean. Don't over-rely on the dictionary.

## A  Useful phrases

**SPEAK**

**1** Whatever you choose to talk about in your speaking assessment, you could start yourself off by learning a few useful phrases by heart. For instance, if you choose to talk about the environment, you might learn the sentences below.

Don't go for an overload when you're learning phrases as you're better off knowing three phrases accurately than ten phrases inaccurately or only partly.

**2** Look at these phrases for the environment and check you understand them. Then learn them off by heart.

La terre se réchauffe – et ça **c'est un grand problème**.

Nous polluons notre planète et **je trouve ça effrayant**.

Des animaux sont menacés. **C'est insupportable**.

**Je m'inquiète parce qu**'il y a un trou dans la couche d'ozone.

The phrases in red can be used in all sorts of situations. Make a list of stock phrases like this that you can recycle!

> **remember >>**
>
> Try to learn and use *C'est un grand problème* (it's a big problem), *Je trouve ça effrayant* (I find that frightening), *C'est insupportable* (it's intolerable).

## B  Phrases for discussing issues

**READ**

> **remember >>**
>
> You can use these phrases in the writing exam as well as the speaking exam.

Match the French and English sentences.

| | | |
|---|---|---|
| 1 | Je crois/pense/trouve que (l'environnement est un sujet important). | *f* |
| 2 | Je suis contre (les transports individuels). | |
| 3 | Je suis pour (le recyclage). | |
| 4 | Il faut examiner les avantages et les inconvénients. | |
| 5 | Pour commencer, il serait utile de (faire une liste des problèmes). | |
| 6 | La situation s'aggrave chaque jour. | |
| 7 | A mon avis c'est un problème difficile à résoudre. | |
| 8 | Il faut discuter de ce problème grave. | |

| | |
|---|---|
| a | I'm against (individual transport). |
| b | One has to look at the advantages and disadvantages. |
| c | The situation gets worse every day. |
| d | To start with it would be useful to (list the problems). |
| e | In my opinion it's a difficult problem to solve. |
| f | I believe/think/find that (the environment is an important topic). |
| g | I'm for (recycling). |
| h | One has to discuss this serious issue. |

## C  An environmental action

**1** In the Higher paper there will be some unfamiliar vocabulary that you'll have to cope with, but don't panic as you can probably work some of it out once you start reading. Read this letter through and underline anything you don't understand. Then see if you can work out any meanings.

Québec, le 5 juin

Chère Sharon,

Merci pour ta lettre. En ce moment, moi, je suis très occupée car je viens de m'inscrire à mon école à un groupe qui travaille sur l'environnement. Nous faisons un projet sur le recyclage. Aussi avons-nous plein de poubelles spéciales recyclage. Maintenant tous les élèves trient leurs détritus. Il y a des poubelles pour les piles électriques, le papier, le carton, les cannettes alu et il y a en a même pour les déchets organiques (ces derniers proviennent de la cantine). Notre groupe est responsable des poubelles et quand elles sont pleines, nous les emportons dans la cour de l'école! Tous les jours un camion passe les ramasser. La plupart des garçons sont très sérieux et, eux, ils jettent leurs déchets dans les poubelles comme il faut. Mais certaines filles, elles, ne font aucun effort! Le mardi, c'est mon tour d'aider à nettoyer la cour de l'école. Et à ton école y a-t-il un système semblable?

Ecris-moi vite pour me raconter. A bientôt.

Amicalement,
Anna

### Grammar – emphatic pronouns

| moi | *me* | toi | *you* | lui | *him, he* | elle | *her, she* |
|---|---|---|---|---|---|---|---|
| nous | *us, we* | vous | *you* | eux | *them, they (m. plural)* | elles | *them, they (f. plural)* |

**2** Read the letter and answer the questions in English.

a  Why is Anna busy at the moment?

b  What is the project about?

c  Where does the organic waste come from?

d  What does Anna's group do with the rubbish bins?

e  When does the lorry collect the bins?

f  What does Anna do on Tuesdays?

### remember >>

**The emphatic pronouns can be used in different ways.**
*C'est pour toi* (It's for you),
*C'est moi* (It's me),
*Ecris-lui* (Write to him).

# >> practice questions

*You want to be more 'green'. Make a list of resolutions.*

**Exemple: Je vais éteindre la lumière quand je quitte une pièce.**

# School – vocabulary

## A School subjects

| | | | |
|---|---|---|---|
| l'informatique | IT | l'éducation religieuse | religious studies |
| la technologie | technology | l'anglais | English |
| les maths | maths | les arts plastiques/le dessin | art |
| les sciences de la vie et de la terre (SVT) | biology | la musique | music |
| la chimie | chemistry | l'art dramatique | drama |
| la géographie | geography | l'éducation physique (EPS) | sport (PE) |
| l'histoire | history | les matières obligatoires | compulsory subjects |
| l'éducation civique | citizenship | les matières au choix | options |

| | |
|---|---|
| Ma matière préférée, c'est (le français). | My favourite subject is (French). |
| J'aime bien (l'allemand). | I like (German) a lot. |
| Je n'aime pas (l'espagnol). | I don't like (Spanish). |
| Je déteste (la physique). | I hate (physics). |
| Je suis fort(e) en (allemand). | I'm good at (German). |
| Je suis nul(le) en (maths). | I'm terrible at (maths). |
| J'aime (le sport) parce que c'est intéressant/facile. | I like (sport) because it's interesting/easy. |
| Je n'aime pas (le dessin) parce que c'est difficile/nul. | I don't like (art) because it's difficult/terrible. |

### remember >>

**Determiners 'the' and 'a' change with gender and number.**

| | masculine | feminine | plural |
|---|---|---|---|
| the | le (l') | la (l') | les |
| a | un | une | des |

## B In school

| | |
|---|---|
| le collège | lower secondary school |
| le lycée | upper secondary school |
| une école privée | private school |
| le lycée technique/ professionnel | technical college |
| la sixième/cinquième/ quatrième/troisième | Year 7/8/9/10 |
| la seconde/la première/la terminale | Year 11/12/13 |

| | |
|---|---|
| Je vais dans un collège mixte. | I go to a mixed comprehensive. |
| Il y a environ 1000 élèves au collège. | There are about 1000 students in the school. |
| Le lycée est grand/moderne/vieux. | The school is big/modern/old. |
| Les salles de classe sont bien équipées. | Classrooms are well-equipped. |
| Les profs sont très sympa/sévères. | Teachers are very nice/strict. |
| Mon uniforme est noir et rouge. | My uniform is black and red. |
| Mon emploi du temps change tous les trimestres. | My timetable changes each term. |

## C The 12-hour clock

| | | | |
|---|---|---|---|
| A dix heures. | At ten o'clock. | Il est trois heures moins le quart. | It's quarter to three. |
| Vers six heures. | At about six o'clock. | Il est trois heures moins dix/cinq. | It's ten/five to three. |
| Il est une heure. | It's one o'clock. | Il est minuit. | It's midnight. |
| Il est deux/quatre heures. | It's two/four o'clock. | Il est midi. | It's midday. |
| Il est une heure cinq/dix. | It's five/ten past one. | Quelle heure est-il? | What's the time? |
| Il est deux heures et quart. | It's quarter past two. | C'est à quelle heure? | At what time is it? |
| Il est deux heures et demie. | It's half past two. | J'ai cours de neuf heures à quatre heures. | I have lessons from 9am till 4 pm. |

## D  A school day

| | |
|---|---|
| On a cinq heures de cours par jour. | *We have five periods a day.* |
| Le premier cours commence à 8h30. | *The first period starts at 8:30 am.* |
| Il y a une récréation à 10h15. | *We have a break at 10:15 am.* |
| On a une heure pour déjeuner. | *We have one hour for lunch.* |
| Je mange à la cantine. | *I have school lunches.* |
| Les cours finissent à 15h30. | *Lessons finish at 3:30 pm.* |
| Je n'ai pas de permanence. | *I don't have any free periods.* |
| Je fais mes devoirs quand je rentre. | *I do my homework when I get home.* |

### remember >>

Some French words can be tricky:
*lycée* looks like a feminine word but is masculine;
*cours* looks like a plural word but is singular;
*collège*, *car*, *permanence* look like English words but mean something different (false friend).
Pay special attention to them so you don't get muddled.

## E  Problems at school

| | |
|---|---|
| La discipline est mauvaise. | *Discipline is poor.* |
| Les profs donnent trop de colles. | *Teachers give too many detentions.* |
| On n'a pas le droit d'amener notre portable. | *We're not allowed to bring in our mobiles.* |
| On ne doit pas mettre de bijoux/de maquillage. | *We can't wear jewellery/make-up.* |
| Je m'ennuie en cours. | *I am bored in lessons.* |
| Je ne peux pas me concentrer en cours. | *I can't concentrate in class.* |
| L'intimidation est un gros problème au collège. | *Bullying is a big issue at school.* |
| J'ai peur de la violence/du racket au collège. | *I'm scared of the violence/bullying at school.* |
| Je suis très stressé(e) quand il y a un test. | *I'm stressed out when we have tests.* |
| À mon avis, il y a trop de tests. | *I think there are too many tests.* |
| Je ne m'entends pas bien avec mon prof principal. | *I don't get on with my form tutor.* |
| Je veux changer d'école. | *I want to go to a different school.* |

### Grammar – French modal verbs

| devoir | - Je dois/Je ne dois pas + infinitive | *I must* |
|---|---|---|
| pouvoir | - Je peux/Je ne peux pas + infinitive | *I can/am able to* |
| vouloir | - Je veux/Je ne veux pas + infinitive | *I want to* |

# >> practice questions

*Describe your timetable in French, saying which school subjects you have and at what time.*

**Exemple:  Le lundi matin, j'ai anglais à 8h30. Ensuite, j'ai français, etc.**

# School

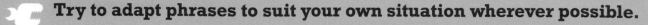

- Make sure you know how to tell the time in French.

- Try to adapt phrases to suit your own situation wherever possible.

- Always give as much detail as you can when asked a question.

## A  All about school

### READ

1  If you have to match sentence halves together or match questions to answers, always match the ones you're really sure of first, then have a go at the ones left over.

2  You don't always need to understand every word of the sentences to match them. If you see *Quelle est ta matière préférée?* you might be able to work out that *matière* means 'subject' as the question is asking about something you prefer (*préférée*) at school.

3  Match the questions with the answers.

| 1 | Quelle est ta matière préférée? | c |
|---|---|---|
| 2 | Comment est ton prof de français? | |
| 3 | Comment trouves-tu le français? | |
| 4 | Quelle matière n'aimes-tu pas? | |
| 5 | Tu aimes l'histoire? | |
| 6 | Tu as combien de cours chaque jour? | |
| 7 | Tu es fort(e) en anglais? | |

**a** On a sept cours.

**b** Non, en anglais je suis nul(le).

**c** J'aime beaucoup le sport – c'est super.

**d** Je trouve ça très difficile et compliqué.

**e** Je déteste la géographie parce que c'est ennuyeux.

**f** Il est très sympa et amusant.

**g** Oui, je l'aime beaucoup.

## B  Time

### SPEAK

It's very useful to be able to say the time properly in French.
You can often add a time in your writing or speaking to make it more interesting.

What's the time?

**Exemple: a** Il est douze heures et quart.

| a | b | c | d | e | f | g | h |
|---|---|---|---|---|---|---|---|

## C  My school

**1** Read this text about Nathan's school and underline all the phrases you think would be useful to write about your school.

Courrier • Identité principale

Nouveau ▾ | Répondre | Répondre à tous | | 🏴 ▾ | | | Indésirable | Envoyer/Recevoir ▾ | Déplacer le courrier ▾ | Catégories ▾ | Projets ▾

Boîte de réception | De | ▾ | contient | ▾ | Rechercher

De | Objet | Envoyé ▾ | Catégories

Je suis en seconde au lycée Jacques Prévert. J'aime assez mon école. Elle est assez moderne et bien équipée. Il y a aussi des laboratoires modernes pour les cours de sciences, des salles de musique et d'arts plastiques. Il y a une grande bibliothèque avec des ordinateurs, où on peut faire nos devoirs. Il y a un centre sportif , avec piscine, terrain de foot et de tennis. J'ai un bon emploi du temps : j'ai cours quatre jours par semaine plus deux heures le mercredi matin. Je prends le car de ramassage à 7h30. Le premier cours est à 8h00 et la journée finit à 17h30. J'ai deux heures de permanence le vendredi. Mes matières préférées sont le sport et les sciences parce que je suis super fort dans ces deux matières. Par contre, je déteste le français et l'anglais, parce que je trouve ça difficile et je suis nul.

Il y a aussi des problèmes à l'école : on est trente-cinq élèves environ par classe et la discipline n'est pas toujours bonne. Il y a aussi du racket dans la cour de récréation.

**2** Answer the questions in English.

a  Name one good thing Nathan says about his school. _____

b  Give the name of one room in the school. _____

c  Name one of the sport facilities. _____

d  Say at what time Nathan leaves home. _____

e  Name one of his favourite subjects. _____

f  Name one subject he finds hard. _____

g  Name one thing Nathan says is bad about his school. _____

# >> practice questions

**Write a text (80–100 words) about your school and routine and learn it off by heart to say as a presentation. Use the phrases you underlined above to help you. Write about:**

- **the type and size of school**
- **the facilities**
- **your daily routine**
- **which subjects you are good/bad at**
- **the good and bad things about your school.**

**exam tip  >>**

When preparing a presentation, give information but also remember to add details (descriptions, times, your opinion, etc.) using a variety of language structures.

# Studies – vocabulary

## A  Immediate plans

| | |
|---|---|
| Cette année, j'étudie dix matières pour le GCSE. | *I'm studying ten subjects for GCSE this year.* |
| En ce moment, je passe beaucoup d'examens. | *I have a lot of exams at the moment.* |
| Cette semaine, j'ai des épreuves d'anglais/de maths/de sciences, etc. | *This week, I'm sitting English/maths/science papers.* |
| J'ai des examens écrits/oraux. | *I have written/oral exams.* |
| Je travaille dur pour avoir de bonnes notes. | *I'm working hard to get good marks.* |
| Je voudrais réussir à mes examens. | *I'd like to do well at my exams.* |

| | |
|---|---|
| Après les examens, je vais me reposer. | *After the exams, I'm going to have a break.* |
| Je vais partir en vacances avec ma famille/des amis. | *I'm going on holiday with family/friends.* |
| Je voudrais trouver un petit boulot pour l'été. | *I'd like to find a summer job.* |
| J'aimerais faire un stage en entreprise. | *I'd like to do a work placement.* |

### Grammar – verbs + infinitive

| | |
|---|---|
| Je vais + inf | *I am going to (do something)* |
| Je veux + inf | *I want to (do something)* |
| Je voudrais + inf. | *I would like to (do something)* |
| J'aimerais + inf. | *I would love to (do something)* |

**remember >>**

Use a variety of time phrases to make what you say more precise and interesting: *cette semaine/cette année/ en ce moment.*

## B  Future studies

| | |
|---|---|
| L'année prochaine, je compte faire quatre AS levels. | *Next year, I want to study for four AS levels.* |
| Je vais préparer le baccalauréat international. | *I'm going to prepare for the IB.* |
| Je passerai le bac dans deux ans. | *I'll take the Bac in two years.* |
| Dans trois ans, je ferai des études supérieures. | *In three years' time, I'll go into higher education.* |
| Si j'ai des bons résultats, j'irai à l'université. | *If I get good results, I'll go to university.* |
| J'espère continuer mes études. | *I'm hoping to carry on with my studies.* |

| | |
|---|---|
| Je rêve de faire des études à l'étranger. | *I dream of studying abroad.* |
| J'envisage de faire des études … | *I'm thinking of studying …* |
| de langues | *languages* |
| de lettres | *humanities* |
| de sciences | *science* |
| de médecine | *medicine* |
| de droit | *law* |
| de commerce | *business* |

| | |
|---|---|
| Je voudrais avoir une licence/un master. | *I'd like to get a degree/a masters.* |
| Avoir des diplômes, c'est important pour plus tard. | *Qualifications are important for later.* |
| Je préférerais faire des études professionnelles. | *I'd rather do vocational studies.* |
| Je voudrais faire une formation dans le tourisme. | *I'd like to do training in tourism.* |

| | |
|---|---|
| Je voudrais prendre une année sabbatique après le bac. | I'd like to do a gap year after the A levels. |
| Je voudrais partir à l'étranger. | I'd like to go abroad. |
| Je ne sais pas encore ce que je veux faire. | I don't know what I want to do yet. |
| Je n'ai pas de projets pour l'avenir. | I have no plans for the future. |
| L'année prochaine, je vais quitter l'école. | Next year I'm going to leave school. |
| Je ne veux plus étudier. | I don't want to study any more. |
| Je voudrais faire un apprentissage. | I'd like to do an apprenticeship. |
| J'espère trouver un travail. | I'm hoping to find a job. |

**remember >>**

Try and vary the phrases you use to express your wish/ intentions: *je compte; j'envisage de; j'espère; je préfèrerais.*

## Grammar – verbs + de + infinitive

| | will work | would work |
|---|---|---|
| je | travaillerai | travaillerais |
| tu | travailleras | travaillerais |
| il/elle/on | travaillera | travaillerait |
| nous | travaillerons | travaillerions |
| vous | travaillerez | travailleriez |
| ils/elles | travailleront | travailleraient |

| | | |
|---|---|---|
| j'aurai (*I will have*) | je serai (*I will be*), | j'irai (*I will go*) |
| je ferai (*I will do*) | je verrai (*I will see*) | je pourrai (*I will be able to*) |
| je devrai (*I will have to*) | je voudrai (*I will want to*) | je viendrai (*I will come*) |

# >> practice questions

*Think of something to say to complete each of these sentences about the immediate and not so immediate future!*

**Ce soir,** _____

**Demain,** _____

**La semaine prochaine,** _____

**Dans un mois,** _____

**L'année prochaine,** _____

**Dans trois ans,** _____

**Quand j'aurai 30 ans,** _____

**Un jour,** _____

# Studies

✂ Write or speak with confidence by using and/or adapting key phrases you have learnt on the topic.

✂ In the speaking assessment, be prepared to develop your answers and take the initiative.

## A My plans

**READ**

**1** Read what these teenagers are planning to do and fill in their names in sentences a–f below.

**Lucas** Après les examens du GCSE, je ne compte pas continuer mes études scolaires.

**Chloé** Après le bac, j'envisage de faire des études professionnelles et de trouver un emploi assez rapidement.

**Léa** Je ne veux pas aller à l'université mais je voudrais faire une formation commerciale.

**Théo** Je voudrais faire des études de médecine parce que je rêve de devenir médecin.

**Hugo** J'ai l'intention de continuer mes études mais je n'ai aucune idée de ce que je voudrais faire comme matières!

**Lou** Si j'ai de bons résultats, je continuerai mes études pour avoir le plus de diplômes possibles.

a ........... will study in order to get well qualified.

b ........... wants to do training in business studies.

c ........... plans to leave school after the exams.

d ........... dreams of studying to become a doctor

e ........... is thinking of doing vocational studies.

f ........... intends to study but hasn't decided what yet.

**2** Adapt each bubble so that it refers to your own plans.

**Exemple:** *Après les examens du GCSE,* **je compte** *continuer mes études scolaires.*

### remember >>

Read pages 62–3 again and learn by heart the phrases that are most relevant to you.

### exam tip >>

Always try and adapt sentences you are familiar with to make them suit your own situation.

## B Mapping the future

What are these people's plans for the future? Link the sentences together.
Fill in the correct letters in the grid below.

| | | | |
|---|---|---|---|
| 1 | Je ne veux pas continuer mes études parce que … | a | … je déteste l'école. |
| 2 | Si j'ai des bons résultats, j'irai à l'université pour … | b | … j'ai beaucoup travaillé et révisé! |
| 3 | Je n'ai pas l'intention d'aller à l'université parce que … | c | … je suis super en science et j'adore ça! |
| 4 | Mon père veut de l'aide dans son entreprise alors … | d | … étudier le français et l'allemand. |
| 5 | J'aimerais continuer mes études mais je ne pourrai pas car … | e | … je vais faire un apprentissage avec lui. |
| | | f | … mes résultats ne sont pas assez bons. |
| 6 | Je vais faire des études de médecine parce que … | g | … je préfère faire une formation professionnelle. |
| 7 | J'espère avoir de bons résultats aux examens parce que … | | |

| | 1 | 2 | 3 | 4 | 5 | 6 | 7 |
|---|---|---|---|---|---|---|---|
| | a | | | | | | |

**remember >>**

Always read all the answers before choosing one and do those you're certain of first.

# >> practice questions

1 *Read this ad from a French radio station and think of your answers to the survey.*

   1 **Aimes-tu ton école?**

   2 **Quelles sont tes matières préférées?**

   3 **Quels examens prépares-tu?**

   4 **Que vas-tu faire l'année prochaine?**

   5 **As-tu l'intention d'aller à l'université?**

   6 **Quelles qualifications voudrais-tu obtenir?**

2 *You are asked to explain your answers. Think of reasons/opinions.*

**Exemple:** 1 Non, personnellement, je n'aime pas mon école parce que les salles de classe sont mal équipées. Par exemple, il n'y a pas de tableaux interactifs.

Participez au grand sondage radio sur comment vous, les jeunes, envisagez votre éducation et votre avenir. Répondez aux questions de notre reporter et expliquez vos réponses.

**remember >>**

Use the formula 'opinion + reason + example' using phrases such as: *à mon avis, parce que* and *par exemple.*

# Jobs and money – vocabulary

Part-time jobs

| | |
|---|---|
| Je n'ai pas de petit emploi. | *I don't have a part-time job.* |
| J'ai un petit emploi. | *I have a part-time job.* |
| Je fais du baby-sitting. | *I do babysitting.* |
| Je distribue des journaux. | *I deliver newspapers.* |
| je fais du jardinage. | *I do gardening.* |
| Je fais des courses pour les voisins. | *I do neighbours' shopping.* |
| Je lave des voitures. | *I wash cars.* |
| Je travaille comme serveur/serveuse. | *I work as a waiter/waitress.* |
| Je suis vendeur/vendeuse. | *I am a salesperson.* |
| Je travaille dans un supermarché. | *I work in a supermarket.* |
| J'aide mes parents au magasin. | *I help my parents in the shop.* |
| Je travaille trois heures par semaine. | *I work three hours a week.* |
| Je travaille le samedi matin/ le week-end. | *I work on Saturday morning/ at the weekend.* |
| Je commence à dix heures et je finis à 15 heures. | *I start at 10am and I finish at 3pm.* |
| C'est intéressant/varié. | *It's interesting/varied.* |
| C'est fatigant/ennuyeux. | *It's tiring/boring.* |

**remember >>**

Copy five sentences, then check your spellings. When you're copying from the exam paper, take care with spellings.

**remember >>**

Learn set phrases but be prepared to adapt them in the exam. For example, *je fais du baby-sitting* can be changed to *il fait du baby-sitting* or *je ne fais pas de baby-sitting* very easily.

**B** Money

| | |
|---|---|
| Mon job est bien/mal payé. | *My job is well/badly paid.* |
| Je gagne six euros de l'heure. | *I earn six euros per hour.* |
| J'ai de l'argent de poche avec mes parents. | *My parents give me pocket money.* |
| Je suis payé(e) quand j'aide à la maison. | *I get paid when I help at home.* |
| J'ai environ 50 euros par mois. | *I get about 50 euros a month.* |
| Je fais des économies. | *I'm saving.* |
| Je dépense tout mon argent. | *I spend all my money.* |
| Je ne suis pas payé(e). | *I don't get paid.* |
| Je fais du bénévolat. | *I do voluntary work.* |

## Grammar – the main tenses

| past | present | future |
|---|---|---|
| j'ai travaillé | je travaille | je vais travailler |
| j'ai fait | je fais | je vais faire |
| j'ai appris | j'apprends | je vais apprendre |
| j'ai répondu | je réponds | je vais répondre |
| je suis allé(**e**) | je vais | je vais aller |
| je me suis occupé(**e**) de | je m'occupe de | je vais m'occuper de |

**remember >>**

Learn the core tenses by heart and try and use them when you speak or write, whatever the context.

## C Work experience

| | |
|---|---|
| J'ai fait/Je vais faire un stage en entreprise. | *I did/will do work experience.* |
| C'est l'école qui a organisé/va organiser le stage. | *The work experience was/will be organised by the school.* |
| J'ai utilisé/Je vais utiliser l'ordinateur. | *I used/will use a computer.* |
| J'ai vendu/Je vais vendre des journaux et des magazines. | *I sold/will sell newspapers and magazines.* |
| Je me suis occupé(e)/Je vais m'occuper du courrier. | *I dealt/will deal with the mail.* |
| Je suis allé(e)/Je vais aller à la poste. | *I went/will go to the post office.* |
| J'ai répondu/Je vais répondre au téléphone. | *I answered/will answer the phone.* |
| J'ai fait/Je vais faire du rangement/du classement. | *I did/will do tidying/filing.* |
| J'ai fait/Je vais faire des photocopies. | *I did/will do photocopying.* |
| J'ai observé/Je vais observer les gens au travail. | *I observed/will observe people at work.* |
| J'ai appris/Je vais apprendre beaucoup de choses. | *I learnt/will learn a lot of things.* |
| C'était/Ce sera une bonne expérience. | *I was/will be a good experience.* |

## D Places of work

| | | | |
|---|---|---|---|
| J'ai travaillé/Je vais travailler dans … | *I worked/will work* | une entreprise | *in a firm* |
| un bureau | *an office* | une usine | *a factory* |
| un magasin | *a shop* | un supermarché | *a supermarket* |
| un cabinet (médical/vétérinaire) | *a (vet/doctor) surgery* | une école | *a school* |
| un hôpital | *a hospital* | une ferme | *a farm* |
| une hôtel/restaurant | *a hotel/restaurant* | sur un chantier | *on a building site* |

# >> practice questions

*Unscramble the anagrams to find out what these people did on their work experience.*

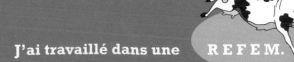

a J'ai travaillé dans une REFEM.

b J'ai fait du ROICREUR.

c J'ai travaillé comme SUVERER.

d J'ai répondu au PLOENTHEE.

e J'ai fait du MELANSCSET.

# Jobs and money

- In the reading exam, make sure you read the questions carefully as they give you clues about the text as well as telling you what to do.

- Familiarise yourself with French adverts as you may come across some in the exam.

- Look for key words you recognise in texts with unfamiliar language.

## A Part-time jobs

### READ

A French radio station wants to hear from young people who do voluntary work.
Read the transcripts of the messages teenagers left on the answer phone.
Only tick the people the reporter will ring back.

| | | |
|---|---|---|
| 1 | J'ai un petit boulot le samedi matin dans un supermarché. C 'est assez mal payé. | |
| 2 | Je vais faire des courses bénévolement deux fois par semaine pour trois personnes âgées. | |
| 3 | Je travaille comme serveur six heures le week-end pour 30 euros. | |
| 4 | A l'école, on fait des gâteaux, on les vend et on donne l'argent à une œuvre de charité. | |
| 5 | Je distribue des journaux pour me faire de l'argent de poche. | |
| 6 | Trois soirs par semaine, je sors les chiens de personnes handicapées mais je ne suis pas payée. | |

**remember >>**

Here, the question asks you to tick the people who are volunteers and not those who are getting paid.

## B Job adverts

In the next activity, you'll be matching three adverts to three speech bubbles. Don't worry if you don't understand every word. Look for similarities between any of the words in the speech bubbles and the words in the adverts. For example, *nature* might be connected to *jardin*. What other connections can you find?

**Julie**: Je suis l'aînée et il me faut garder mes petits frères. Ils ont trois et cinq ans. Le week-end, je fais du baby-sitting pour les voisins. J'adore ça!

**Matthieu**: Moi, j'ai déjà travaillé avec le public. J'ai fait un stage dans un office de tourisme. J'ai parlé aux visiteurs et j'ai répondu au téléphone. Je suis très sociable.

**Virginie**: Ma passion, c'est la nature. J'adore travailler en plein air. Je me lève très tôt parce que je préfère travailler le matin.

**1** Scan the texts for key words and underline them.

**2** Match each teenager with the ad to which he/she is best suited.

Virginie ☐     Julie ☐     Matthieu ☐

---

**1 On recherche une personne capable**

(n'importe quel âge) pour nous aider dans notre jardin d'herbes aromatiques – sept heures par jour (06h00–13h00)

Tél: 03 52 87 94.

---

**2 Notre hôtel recherche: personnel ...**

- entre 16–25 ans
- pour travailler dans notre hôtel renommé
- juillet–octobre
- travail à la réception

Tél: 65 78 95 45

---

**3 On recherche: jeune personne**

(âge: minimum dix-huit ans) pour nos deux filles adorables (deux et six ans)

09h00–5h00 (juillet et août)

Contactez-nous au: 34 65 87 12

---

# >> practice questions

**1** *Have a go at answering your teacher's possible questions about jobs and work placement.*

- **Tu as/voudrais un petit emploi?**
- **Si oui, qu'est-ce que tu fais? /Si non, qu'est-ce que tu voudrais faire?**
- **Tu as fait un stage en entreprise?**
- **Si oui, qu'est-ce que tu as fait?/Si non, qu'est-ce que tu vas faire?**
- **A ton avis, un stage, c'est bien ou pas? Pourquoi?**

*In the controlled assessment, you will have to respond to something you have not prepared.*

**2** *Imagine what other questions you could be asked about jobs/work experience and work out an answer.*

**exam tip >>**

Remember to be as detailed as you can, and try and use a variety of tenses to up your grade. *Je n'ai pas de petit emploi.* is fine. *Je n'ai pas de petit emploi en ce moment mais j'ai déjà travaillé* or *Je n'ai pas de petit emploi en ce moment et je n'ai jamais travaillé* is better!

# Future career – vocabulary

## A Jobs

| | | | |
|---|---|---|---|
| le boucher/la bouchère | *butcher* | le chauffeur de taxi | *taxi driver* |
| le boulanger/la boulangère | *baker* | le professeur | *teacher* |
| le caissier/la caissière | *check-out assistant* | le gendarme | *police officer* |
| le coiffeur/la coiffeuse | *hairdresser* | le dentiste | *dentist* |
| le directeur/la directrice | *boss, head* | le médecin | *doctor* |
| le facteur/la factrice | *postman/woman* | un agent de police | *police officer* |
| le fermier/la fermière | *farmer* | un ingénieur | *engineer* |
| un infirmier/une infirmière | *nurse* | le pilote | *pilot* |
| le vendeur/la vendeuse | *sales assistant* | le mannequin | *model* |
| le serveur/la serveuse | *waiter/waitress* | l'écrivain | *writer* |
| un(e) employé(e) de banque | *bank worker* | | |
| un(e) employé(e) de bureau | *office worker* | | |
| le/la mécanicien(ne) | *mechanic* | | |
| un steward/une hôtesse de l'air | *air steward/stewardess* | | |
| un acteur/une actrice | *actor/actress* | | |
| un avocat/une avocate | *lawyer* | | |
| le chanteur/la chanteuse | *singer* | | |
| un informaticien/une informaticienne | *computer scientist* | | |
| le présentateur/la présentatrice | *(TV –radio) presenter* | | |

> **remember >>**
>
> **The jobs listed above are always *le*, whether the person is a man or a woman.**

> **remember >>**
>
> **You don't need the word for 'a' with then names of jobs in French, He's a teacher = *Il est professeur.***

| | |
|---|---|
| Ma mère est secrétaire dans une entreprise de transport. | *My mother is a secretary in a transport company.* |
| Mon père travaille comme (médecin). | *My father works as a (doctor).* |
| Ma tante est au chômage. | *My aunt is unemployed.* |
| Mon frère est sans travail. | *My brother hasn't got a job.* |
| Ma sœur cherche un emploi à plein temps. | *My sister is looking for a full time job.* |
| Elle a trouvé un emploi à mi-temps. | *She has found a part-time job.* |

## B Looking for a job

| | |
|---|---|
| Je cherche un emploi pour deux mois. | *I'm looking for a job for two months.* |
| Je suis libre tout l'été. | *I'm free all summer.* |
| Je voudrais travailler avec les enfants/animaux. | *I'd like to work with children/animals.* |
| Je voudrais pratiquer mes langues étrangères. | *I'd like to use my languages.* |
| Je suis un(e) candidat(e) idéal(e) parce que je suis … | *I am an ideal candidate because I am …* |

| | | | |
|---|---|---|---|
| sérieux/sérieuse | *serious* | organisé(e) | *organised* |
| sociable | *sociable* | calme | *calm* |
| responsable | *responsible* | enthousiaste | *enthusiastic* |
| dynamique | *energetic* | ambitieux/ambitieuse | *ambitious* |

| | |
|---|---|
| Je parle trois langues. | *I speak three languages.* |
| J'ai de bons résultats scolaires. | *I have good grades at schools.* |
| Je suis fort(e) en maths, anglais, etc. | *I'm good at maths, English, etc.* |
| J'ai de l'expérience. | *I am experienced.* |
| J'ai déjà travaillé/fait un stage en entreprise. | *I have already worked/done work experience.* |
| Mon ambition, c'est de travailler comme (reporter). | *My ambition is to work as a (reporter).* |
| Mon métier idéal, c'est (pilote) parce qu'on (voyage beaucoup). | *My ideal job is (pilot) because (you travel a lot).* |

## C  Pros and cons

| | |
|---|---|
| C'est l'emploi idéal pour moi parce que/qu' … | *That job is ideal for me because …* |
| Cet emploi ne m'intéresse pas parce que/qu' … | *I'm not interested in that job because …* |
| on travaille en plein air/dans un bureau. | *you work outside/in an office.* |
| il faut travailler en équipe/seul. | *you have to work in a team/alone.* |
| on a des contacts/On n'a pas de contacts avec le public. | *you have contact/you don't have contact with the public.* |
| il y a des/il n'y a pas d'horaires fixes. | *there are/there are no fixed working times.* |
| c'est un emploi permanent/temporaire. | *it's a permanent/temporary job.* |
| le salaire est élevé/bas. | *the salary is high/low.* |
| on doit/on ne doit pas porter un uniforme. | *you must/don't have to wear a uniform.* |

**remember >>**

Copy these phrases to learn them picking those you agree with: e.g. *C'est emploi idéal pour moi parce qu'il faut travailler en plein air.*

# >> practice questions

## READ

1  *Read the five descriptions and find their corresponding job titles.*

   1  Pour faire ce métier, il faut aimer les enfants et être patient.

   2  Pour faire ce métier, il faut travailler le jour ou la nuit dans un hôpital.

   3  Pour faire ce métier, on travaille en plein air et il faut travailler et aimer la nature et les animaux.

   4  Pour faire ce métier, il faut être créatif mais il faut travailler seul.

   5  Pour faire ce métier, il faut bien connaître les ordinateurs.

   a  Ecrivain       d  Hôtesse de l'air

   b  Infirmière       e  Professeur

   c  Informaticien     f  Fermier

2  *Write a description for the remaining job.*

# Future career

 Make your answers as detailed as possible.

 Use personal information to fill in a CV.

## A  Your future job

### SPEAK

journaliste
employé(e) de banque
plombier     cadre
secrétaire
électricien(ne)
agent de police

**1** You're going to be asked about the jobs you'd like to do, so say these jobs out loud.

**2** Now you can use these jobs to talk about what you'd like to do. Choose as many jobs from the box as you like. Look at the examples below before you begin and try not to stick to the same example every time, but experiment to make your answers as detailed as possible.

**3** Answer your teacher's question:
'*Qu'est-ce que tu voudrais faire comme métier plus tard?*'
**Exemple:**

> Bien, plombier

> Je voudrais être cadre.

> Je vais travailler comme secrétaire.

**4** Try and build your answers up and show off the language you know.
The easiest way of doing that is by giving your opinion and some extra details.
Say some longer sentences about jobs, using the ideas in the boxes below.

> Je vais aller à l'université pour faire mes études. Après ça je voudrais bien être journaliste pour un quotidien, parce que je m'intéresse beaucoup aux actualités et j'aime bien écrire.

> J'aimerais bien devenir acteur/actrice parce que c'est un métier très intéressant et j'adore faire du théâtre.

> Je ne voudrais pas être médecin parce que c'est un métier trop fatigant et j'ai peur des hôpitaux!

| | | |
|---|---|---|
| teacher – stressful, dislike children | hairdresser – interesting, like meeting people | vet – varied, love animals |
| waiter/waitress – tiring, don't like cafés | police officer – dangerous, dislike working at night | mechanic – easy, love cars |

### remember >>

Use conjunctions to make your sentences more interesting and detailed:
*et* (and), *mais* (but), *ou* (or), *parce que/car* (because), *quand* (when), *cependant* (however), *donc* (so, therefore).

**READ**

Match each piece of information (**a–n**) to the correct point (**1–14**)
on the CV.

### Curriculum vitae

1 **Nom:** Nathan Courmier _____

2 **Age:** _____

3 **Date de naissance:** _____

4 **Lieu de naissance:** _____

5 **Nationalité:** _____

6 **Père (nom/emploi):** _____

7 **Mère (nom/emploi):** _____

8 **Adresse (code postal):** _____

9 **Téléphone fixe/portable:** _____

10 **Adresse email** _____

11 **Education** _____

12 **Expérience** _____

13 **Ambition professionnelle** _____

14 **Loisirs préférés** _____

---

**a** ordinateurs/le cinéma

**b** dix-huit ans

**c** français

**d** programmeur/informaticien

**e** Nathan Courmier

**f** Toulouse

**g** Alain Courmier (journaliste)

**h** distribue les journaux

**i** Karine Courmier (avocate)

**j** 60 98 67 97/06 76 34 54

**k** 10, rue de Breil, 35051 Rennes

**l** 3 décembre 1991

**m** 1996–2003: l'école primaire à Toulouse; depuis 2003: Lycée St.-Germain, Rennes

**n** ncourmier@hotmail.com

# >> practice questions

**WRITE**

Write a sentence about yourself for each of the
fourteen headings on the CV above.

**exam tip >>**

Make sure your writing is neat
and clear – if the examiner is
struggling to read it, he/she
might not give you full marks.

# Listening practice – Foundation

Listening can be one of the hardest things to practise on your own, so here are some extra activities to help you.

The recordings are on the CD-ROM that comes with this book.

**What to do**

- Read the activity through carefully so you know what to do.

- Play the recording through once, listening carefully and completing as much of the task as you can.

- Listen a second time, filling in any gaps in your answers and checking the answers you already have.

- Check your answers on pages 98–9 and make any corrections.

- Listen a third time to see if you can hear all the answers. Refer to the transcripts on pages 100–2 if any words or phrases are not clear.

**remember >>**

You will hear each recording twice in the exam, so don't panic if you don't get all the answers on first listening.

## A  School subjects

**1** You can often help yourself by saying key words in your head to help you recognise what they will sound like. Try this with the words below:

l'espagnol   l'italien   le dessin   l'anglais

les sciences   l'histoire-géo

la musique   la gymnastique   le français

les maths   l'EPS   l'informatique

**remember >>**

Always answer in the space provided.

**2** Listen and tick the subjects you hear mentioned.

| French | Maths | Science | Music | History/ Geography | Art | English | ICT | PE | Spanish |
|---|---|---|---|---|---|---|---|---|---|
|  |  |  |  |  |  |  |  |  |  |

74

## B Family

Where there are questions or statements in English, read them carefully before you listen. See if you can predict any of the language you are going to hear.

For instance, read the multiple-choice questions below and see if you know French words for any of the words. Then you can listen out for them.

Listen and tick answer **a**, **b** or **c** each time.

1   **Nicole is:**

    **a**   15

    **b**   16

    **c**   17.

2   **She has:**

    **a**   one brother

    **b**   one sister

    **c**   two sisters.

3   **Camille is kind and:**

    **a**   shy

    **b**   fun

    **c**   hard-working.

4   **Florence is intelligent but:**

    **a**   lazy

    **b**   selfish

    **c**   funny.

5   **Alain and Sylvie are Nicole's:**

    **a**   cousins

    **b**   parents

    **c**   uncle and aunt.

6   **Her dad is calm and:**

    **a**   sensitive

    **b**   intelligent

    **c**   nice.

7   **Her mum is:**

    **a**   not at all strict

    **b**   quite strict

    **c**   very strict.

**remember >>**

You get no marks if you leave an answer blank. If you are not sure, have an intelligent guess.

## C Buying a train ticket

Always use your common sense.

Below, there is a gap before the word 'euros'. This is obviously a price so you will be looking for a number to write in the gap.

Choose words from the box to fill in the gaps in this conversation at a station in France.

– Oui, madame?

**a** – Un _____ pour Lyon en deuxième classe, s'il vous plaît.

**b** – Voilà madame. Ça fait _____ euros, s'il vous plaît.

**c** – A quelle heure part le _____ train?

**d** – Il part à _____ heures du quai numéro cinq.

**e** – _____ monsieur! Au revoir.

onze

vingt-deux

aller-retour

merci

prochain

**remember >>**

**Tick off each word in the box as you use it.**

## D Holidays

Past, present or future? Listen carefully for tenses and also for words such as *dernier/dernière* (last) and *prochain(e)* (next).

Listen to the conversation and answer the questions in English.

**a** Where is Lucille going on holiday this year? _____ .

**b** Who did she go to the USA with? _____ .

**c** What is Sébastien doing this summer? _____

**d** What is he going to do in the winter? _____

**e** Where would he like to go next year? _____ .

**f** When is Lucille going to Greece? _____

## E Hobbies

Don't worry if you don't understand every word.
Often you will still be able to complete the task – so don't panic.

 Listen to this conversation about leisure activities.
Tick the correct boxes to show which topics are discussed.

| a | TV | |
| b | films | |
| c | concerts | |
| d | sport | |
| e | music | |
| f | computer games | |
| g | shopping | |

**remember >>**

In the exam you can jot down rough notes as you listen and then write your answers neatly afterwards.

Listen again and see how many details you can note down.

## F At home

Before you listen, always make sure you understand the instructions and where you have to write your answer.

Look carefully at any pictures, too, to make sure you understand what they represent.

Listen to Karima talking about her home.

**1** Karima lives …

Write the correct letter in the box.

**2** Her home is …

a       b       c

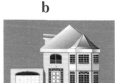

Write the correct letter in the box.

**3** How many bathrooms are there?

| a | b | c |
| 0 | 1 | 2 |

Write the correct letter in the box.

**4** In her room Karima has …

a       b       c

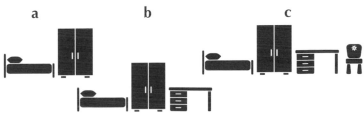

Write the correct letter in the box.

**5** Yesterday for dinner she cooked …

a       b       c

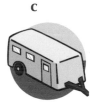

Write the correct letter in the box.

# Listening practice – Higher

## G Jobs

In your exam, you will be required to write a letter in a box or tick one or several boxes. Take care not to write in or tick the wrong box by mistake! It might be a good idea to pencil in your answer outside the box when you first listen. Write the answer in properly when you listen the second time.

Listen to Guy and Isabelle discuss their jobs.
Put a tick in the correct box.

**remember >>**

Always tick an answer, as even a guess at the end might score a mark, whereas a blank box won't score anything.

| | at leisure centre | at chemist's | as a waiter | not boring | really boring | gets tired | all weekend | Saturday only | long hours | well paid |
|---|---|---|---|---|---|---|---|---|---|---|
| **Guy** | ✔ | | | | | | | | | |
| **Isabelle** | | | | | | | | | | |

## H Environment

In your exam, you may be asked to choose which statements among several apply to what is being talked about. If you don't understand everything, use your common sense! What you know about the topic might help you.

Listen to a radio programme about protecting the environment. Which four sentences are true?
Tick the boxes.

| a | Everyone can do their bit to protect the environment. | |
|---|---|---|
| b | You should switch off the light when you leave a room. | |
| c | It's better to have a bath than a shower. | |
| d | You don't need to use water to brush your teeth everyday. | |
| e | Use plastic bags in supermarkets, not shops. | |
| f | Protect the ozone layer by not using aerosols. | |
| g | Riding a bike is good for the planet and for your health. | |

## I Transport

Before you listen to the recording, read the question to find out what the audio will be about. Try and predict the vocabulary. Think of words you are likely to hear, it will help you recognise them when you hear them.

**1** Think of the names of the different means of transport you know, and of the advantages and disadvantages of each.

**Exemple:** le bus (pas cher, pratique, pas rapide), etc.

Nathalie mentions four means of transport. Listen and write the letter corresponding to the transport she mentions and add the number which corresponds to what she thinks of it.

a

b

1   It is too crowded.

2   It is the best for long journeys.

3   It's the most eco-friendly.

4   It's not good in traffic.

c

d

e

f

| transport | opinion |
|---|---|
| | |
| | |
| | |
| | |

## J   Answerphone message

In the Higher listening exam, you sometimes need to deduce things. Here for instance, you'll hear at what time Jacques has a meeting and how many minutes late he will be. You can therefore work out at what time he will arrive.

 Write the correct letter in the box.

1   The answerphone is for: ☐

   a   a police station

   b   an agency

   c   a car mechanic.

2   The message on the answerphone: ☐

   a   says to ring back later

   b   invites callers to leave a message

   c   gives another number to ring

3   Jacques Ducasse rings to: ☐

   a   cancel his 10 o'clock meeting

   b   organise a meeting at 10 o'clock

   c   say he'll be late for his 10 o'clock meeting.

4   Jacques's problem is that: ☐

   a   his car broke down

   b   he forgot the meeting

   c   he missed the bus.

5   He will be: ☐

   a   3 minutes late

   b   13 minutes late

   c   30 minutes late

6   Jacques will arrive at: ☐

   a   10.00

   b   10.30

   c   11.30.

Listen again and note Jacques's mobile number.

☐ ☐ ☐ ☐ ☐ ☐ ☐ ☐ ☐ ☐

**remember >>**

Check you know your French numbers before the exam – they're bound to come up somewhere!

## K  Teen life

Many tasks are multiple-choice questionnaires. You need to be careful how many boxes you are expected to fill in or tick. Look out for that in the instructions.

Listen to Lisa, 16, speaking about being a teenager and adult life.

1   Which **three** sentences are true?
    Write the correct letters in the boxes.

    a   Lisa started smoking two years ago.

    b   She really wanted to start smoking.

    c   Peer pressure made her start smoking.

    d   She always gets sick when she smokes.

    e   She feels more grown up when she smokes.

2   According to Lisa, which are the worst **two** problems affecting teenagers?

    a   Alcohol

    b   Aids

    c   Drugs

    d   Eating disorders

    e   Stress

3   Which **two** sentences apply to Lisa?

    a   She knows she won't get married.

    b   Her parents are divorced.

    c   She is not a romantic.

    d   She is already in love.

    e   She'd like to live with someone before getting married.

4   Which **two** points does Lisa make about children?

    a   Children stop you from going out.

    b   Children need constant attention.

    c   She won't be having children.

    d   It's better to have children before you're too old.

5   Which **three** statements apply to Lisa?

    a   She is still a student at university.

    b   She wants to carry on with her studies.

    c   She's planning to study journalism.

    d   She is keen to work abroad.

    e   She is not bothered about earning lots of money.

## L  Holidays

Some tasks require you to note details as you listen. Familiarise yourself with the headings first – they're all in English – and start thinking of the words you are likely to hear. Remember you're expected to answer in English, not in French.

Listen to Samuel talk about holidays. Fill in the grid.

| 1 | Duration of summer holidays | | [1] |
|---|---|---|---|
| 2 | Three holiday activities at home | | [3] |
| 3 | Ideal holiday destination | | [1] |
| 4 | Two reasons for wanting to go there | | [2] |
| 5 | Destination of last year's school trip | | [1] |
| 6 | Two activities on the school trip | | [2] |

## M Fame

Some tasks require you to listen out for information and complete sentences in English.

Listen to Martine and Franck talk about fame. Fill in the gaps.

1   Martine would love to become a famous _____ .

2   She thinks it is worth losing _____ in order to become famous.

3   Franck is worried about the cruelty of _____ .

4   Martine has a plan B, which is to become _____ .

5   She wants to _____ .

6   For Franck, privacy is more important than _____ .

## remember >>

Read through the sentences carefully first as they give you clues as to what the recording is about.

## N My town

Some tasks will require you to write short answers to comprehension questions in English. Make sure you read the questions thoroughly as they can give you clues as to what it is about.

Write your answers on a separate sheet.

James is talking about Redville, the town where he lives.

1   What does James say about Redville? Give two details. [2]

2   What is available for young people in Redville? Mention three places. [3]

3   What is there for tourists? Give two details. [2]

4   Why did James do last weekend in Redville? Give two details. [2]

5   What does James think are the advantages of living in the countryside? Give three details. [3]

6   Why would James like to live in a large city by the sea? Give three reasons. [3]

## remember >>

Watch out for negatives and connectives! They can change the meaning of a sentence and make a difference between a right and a wrong answer!

## exam tip >>

- **Pay attention to the tone of voice – it can help you make sense of what is being said.**
- **Get the gist of the passage on first listening; on the second, concentrate on details.**
- **Listen out for verbs, tenses, numbers, genders, connectives, etc.**
- **When listening to longer texts, concentrate on what you understand rather than focus on what you don't. Remember, you can hear the recording twice so never panic!**
- **Always check your answers and never leave any questions unanswered!**

# Exam questions and model answers

## >> Listening

Here are two listening activities for you to try (one Foundation, one Higher).

### Foundation

Thierry is describing his school day.

Read the sentences.

Listen to Thierry and tick the correct answers.

---

**Example**: Thierry's school is called:

a   Collège Albert Camus   ☐

b   Collège de la Côte   ✔

c   Collège des Bernardins.   ☐

---

1   Thierry starts school at:

   a   8 o'clock   ☐

   b   half past 8   ☐

   c   9 o'clock.   ☐   **[1]**

2   His morning break lasts:

   a   10 minutes   ☐

   b   15 minutes   ☐

   c   20 minutes.   ☐   **[1]**

3   His lunch break begins at:

   a   quarter past 12   ☐

   b   half past 12   ☐

   c   quarter to one.   ☐   **[1]**

4   During the afternoon there are:

   a   two lessons   ☐

   b   three lessons   ☐

   c   four lessons.   ☐   **[1]**

5   Each lesson lasts:

   a   40 minutes   ☐

   b   50 minutes   ☐

   c   60 minutes.   ☐   **[1 ]**

**5 marks**

Now listen again and check your answers, writing in any missing ones.

### Higher

A French teenager is being interviewed about what she does in her free time.

Read the questions.

Listen to the interview and answer the questions in English.

---

**Example**: How long has the speaker been doing gymnastics?

*10 years*

---

1   Why does the speaker like gymnastics? .............

...................................................................

................................................... **[2]**

2   What is the first thing she does when she gets home from school? .........................................

................................................... **[1]**

3   What does she usually do on Friday evenings? ...

...................................................................

...................................................................

................................................... **[2]**

4   Where did she go last Friday evening and why?

...................................................................

...................................................................

................................................... **[2]**

5   What three things did she do on Sunday?

...................................................................

...................................................................

................................................... **[3]**

6   Where is she planning to go next week-end and why? ...........................................................

...................................................................

................................................... **[2]**

**12 marks**

Now listen again and check your answers.

## A  What will I be expected to do?

Exam boards vary slightly but you will be expected to:

1   **Foundation**
    - listen to short audio clips
    - understand single words or short phrases spoken clearly

    **Higher**
    - listen to longer texts spoken at near-nomal speed
    - identify specific details
    - possibly work out your answer from several pieces of information

2   **Foundation**
    - cope with short conversations, instructions, short news items, phone messages, etc. You will already have met most of the language.

    **Higher**
    - as Foundation, also cope with longer, more complex audios with a variety of tenses and some unfamiliar language

3   **Foundation**
    - respond to what you hear. Most tasks require you to tick or write a letter in a box, some require short answers in English.

    **Higher**
    - as Foundation, you may also be asked to recognise opinions or feelings, or to draw conclusions or summarise what you hear.

## B  Exam tips

1   Know what to expect:
    - The listening exam usually makes up 20% of your total marks.
    - The exam will last 30–40 minutes.
    - You will be allowed five minutes at the start to read through the question paper.
    - No dictionaries are allowed.
    - You will hear each recording twice.
    - All instructions will be in English.
    - There will be an example of the type of answer required.

2   Use your preparation time to read and understand all parts of the paper before you listen. You may be able to predict some of the words and phrases you will hear. Say them in your head to be prepared for the sounds.

3   Always look at the example question to be sure you understand exactly what to do.

4   On first listening, listen carefully and fill in any answers you can.

5   Don't lose your way while you're listening and get left behind. If you don't know the answer, then don't stop, just miss the question out and carry on with the next ones. You can always come back to any missing answers on your second listening.

6   It's OK to scribble notes on the paper while you are listening and then write in the answers after the recording.

7   Listen out for the tone of the speaker's voice to help give you a clue as to meaning. He or she might sound happy, sad, angry or cross.

8   If you are asked to answer in English, don't write full sentences: single words or short phrases will do.

9   Write clearly. You will get no marks if the examiner can't read your answer!

10  In multiple choice activities, read the options very carefully. Sometimes they are quite similar.

11  Look out for any questions which carry two or more marks (usually shown in brackets by the question) and make sure you give enough details in your answer to get full marks.

12  On second listening, check your answers and fill in any missing ones.

13  Never leave a tick box blank – always write an answer, as even a guess at the end might score a mark, whereas a blank box won't score anything.

14  If you change your mind about an answer on a second listening, cross out the wrong answer and write your changed answer clearly – you won't score marks if the examiner can't make out what you've written.

## >> Model answers

**Foundation:** 1a, 2b, 3a, 4a, 5c

**Higher**
1   it's healthy/she has good friends
2   homework
3   go out with friends to the cinema or a bar
4   to a friend's house/it was her birthday
5   tidied her room, did her homework, washed her Dad's car
6   shopping centre/to buy new dress for a party

## >> Speaking

Here are some examples of speaking assessment tasks:

### Topic area: Lifestyle/leisure

You have taken part in an international sporting event and are being interviewed for French radio.
The interview could include the following, and you may have to answer some unexpected questions:

- personal details (name, age, nationality, etc.)
- what sport you play and how long you have been playing for
- what you do to keep fit
- the importance of a healthy diet
- what sports are played at your school and how often
- your experience of previous sporting events
- what you enjoyed about this event
- the benefits of international sports competitions.

### Topic area: Home and environment

You are part of a team visiting your partner school in France. You are asked to give a short talk about how environmentally aware you are. Be prepared to answer questions about what you say at the end.

You could include:

- introduce yourself briefly
- describe your town/region/village
- environmental problems in your town/area
- what you do/have done to be 'green'
- what, if anything, your school does
- what you see as the most important problems the world is facing
- what we could do to resolve these problems
- what the world will be like in 20 years' time.

### Topic area: Work and education

You have applied to do work experience in a French tourist office and have been offered an interview.
The interview could include the following, and you may also have to answer some unexpected questions:

- personal details
- why you want this particular work experience
- advantages of work experience
- why you think you are the right candidate
- languages you speak/personal experience of travel
- any previous experience of work
- your future study/work plans
- ask for further details of what the job involves, hours, etc.

## For Edexcel candidates only

### Picture-based discussion

If you are being examined by the Edexcel exam board, you may choose to bring in a picture on which to base a discussion.

The picture must fit with one of the following themes:

- media and culture
- sport and leisure
- travel and tourism
- work and employment.

You will be asked to describe the picture and answer questions arising from it. If you like, you may start with a very brief presentation of the picture, lasting no more than one minute.

### Theme: Travel and tourism

A discussion based on this photo might go something like this:

*C'est quoi, la photo que tu as apportée?*

J'ai apporté une photo d'un monument très célèbre: la Tour Eiffel à Paris.

*Et c'est toi qui a pris cette photo?*

Oui. J'ai visité Paris l'année dernière avec mon collège et j'y ai pris beaucoup de photos. Celle-là, c'est ma photo préférée.

*Il faisait quel temps ce jour-là?*

Là, il y avait des nuages, mais il faisait beau et chaud.

*Alors, tu es monté(e) à la Tour Eiffel?*

Oui, j'y suis monté(e) à pied, avec ma copine, mais seulement au premier étage, parce que ça coûte assez cher. La vue était géniale.

*Et, à part cette visite à la Tour Eiffel, qu'est-ce que tu as fait à Paris?*

On a fait une promenade en bateau-mouche sur la Seine. Comme ça, j'ai vu tous les monuments les plus importants, comme la cathédrale de Notre-Dame, par exemple …

.

## A  What will I be expected to do?

Exam boards vary slightly but all will require you to do TWO speaking tasks under controlled conditions.

- Tasks are not divided into Foundation and Higher and you will be judged on the quality of what you say.

- Each task must be on a **different topic** (your teacher will have a list of topic areas from the exam board). Some tasks may cover more than one topic area.

- Each task must be for a **different purpose** (so you might choose a presentation, role play or interview).

- Your task must always include some interaction with **another speaker**.

## B  Exam tips

### Preparing

1 You are allowed to prepare for the tasks. You can use this book, your textbook and a dictionary to help you. However, you are not allowed to use a dictionary or other books while you are doing the task itself.

2 You can make notes – no more than **40 words** though – summarising your main ideas and language you need. You are allowed to refer to these during the task. You can take in a diagram or picture instead if you prefer.

3 Work out what you are going to say. You have to speak for between 4 and 6 minutes, so you might choose to make 4 or 6 bullet points of 8 – 10 words each.

4 Make sure you cover all the parts of the task.

5 Once you know what you want to say, practise saying it over and over. Learn some phrases by heart to give you confidence. Try to record yourself speaking so that you can time yourself, check your pronunciation and look for ways to improve your performance.

6 Show off your knowledge of tenses: use verbs in the present, past and future tenses.

7 Use a variety of structures. Make longer sentences by using link words and conjunctions – et, mais, par contre, etc.

8 Opinions, reasons and justifying what you say are all good ways to earn more marks.

### On the day

9 Speak clearly, with confidence and enthusiasm.

10 You will be recorded or videoed but don't let this put you off.

11 Refer to your notes so you don't leave out any of the points you have prepared.

12 To achieve a good grade, make sure you sound really French. Marks are awarded for good pronunciation and intonation.

## >> Model answers

### Topic area: Lifestyle/leisure

Adding the phrases in blue will get you a higher grade.

*Bonjour. Tu peux te présenter?*
*Bonjour. Je m'appelle Alex Brown, j'ai 16 ans et je viens de Newcastle, **une grande ville industrielle dans le nord-est de l'Angleterre.***
*Tu es très sportive? Tu fais quel sport?*
*Oui, j'adore le sport. Je joue au hockey. C'est mon passe-temps préféré. Je fais partie de l'équipe de mon collège. **Je joue au hockey depuis cinq ans et ça me passionne parce que j'adore les sports d'équipe.***
*Qu'est-ce que tu fais pour être en forme?*
*Je fais beaucoup d'exercice. Je fais de l'entraînement pour le hockey le mercredi soir. À part le hockey, je joue aussi au tennis et au foot. En plus, je fais souvent du jogging le matin avant l'école. **Pour aller au collège, je ne prends jamais le bus, j'y vais toujours à pied, même quand il pleut. Et bien sûr je ne fume pas parce que c'est mauvais pour la santé.***
*C'est important d'avoir un régime équilibré?*
*Oui, je pense que c'est vital quand on fait du sport. Je prends toujours un bon petit déjeuner, et je mange des fruits et des légumes le plus souvent possible. **Je ne mange jamais de sucreries. Par contre, je ne peux pas résister aux sodas. Hier, j'en ai bu cinq. Pourtant, je sais que ce n'est pas du tout bon pour la santé.***
*Tu fais du sport au collège?*
*Oui. Dans mon collège, on a EPS deux heures par semaine. On pratique les sports d'équipe comme le hockey, le foot et le rugby, par exemple. Il y a aussi un grand gymnase très moderne et on fait de la gymnastique ou de la danse. **Personnellement, je trouve qu'on ne fait pas assez de sport dans les écoles en Grande-Bretagne. J'aimerais faire du sport tous les jours parce que les adolescents ont besoin d'exercice.***

## >> Reading

Here are two reading activities for you to try (Foundation and Higher).

### Foundation
#### Healthy living

Choose a word from the list below to fill the gap.

**Exemple**: *Pour être en forme, faites de [ B ]. L'activité physique est nécessaire à la santé.*

1  Ne commencez pas à _____ Il est très difficile d'arrêter la cigarette quand on commence.  **[1]**

2  Il faut faire attention aux _____ Perdre du poids, c'est bien mais il faut continuer à manger équilibré.  **[1]**

3  _____ est plus dangereux pour les ados que pour les adultes. Il est conseillé de ne pas boire avant 18 ans.  **[1]**

4  Avoir _____ est souvent un signe de stress. Se détendre et bien dormir est très important, surtout chez les jeunes.  **[1]**

**a** régimes    **b** l'exercice    **c** manger    **d** l'alcool    **e** fumer    **f** la santé    **g** mal à la tête

### Higher
#### Jobs and money

Answer the questions in English.

**Enzo** – Moi, j'ai un petit boulot au café le week-end et je gagne huit euros de l'heure. Je trouve le travail intéressant parce que j'aime bien parler aux gens et le patron est très sympa. J'aime acheter des vêtements et des magazines avec mon argent.

**Océane** – Je n'ai pas d'argent de poche parce que j'ai un petit emploi. Je fais du babysitting tous les vendredis pour nos voisins. Je travaille de dix-sept heures jusqu'à vingt-deux heures et je trouve ça bien fatigant. Mais je gagne huit euros de l'heure et c'est bien payé! J'achète des chansons, des films et du maquillage avec mon argent.

**Anaïs** – Mon père me donne vingt euros par mois et ma mère me donne dix euros. J'achète des bonbons et des jeux vidéo avec ça. J'aimerais bien trouver un petit emploi, mais j'habite dans un petit village à la campagne, et ici il n'y a pas d'emplois pour les ados.

**Romain** – Mes parents me donnent de l'argent de poche parce que je n'ai pas le droit d'avoir un petit emploi. Ils disent que je n'ai pas le temps et qu'il faut que je me concentre sur mon travail scolaire. Je fais des économies pour m'acheter un nouveau portable.

1  Who can't find a part-time job? _____
_____
_____ **[1]**

2  Why don't Romain's parents want him to have a job? Give two details. _____
_____
_____ **[2]**

3  What does Océane think about babysitting? Give two details. _____
_____
_____ **[2]**

4  What does Enzo like about his job in a café? Give two details. _____
_____
_____ **[2]**

## A What will I be expected to do?

Exam boards vary slightly but all will require you to:

**1 Foundation**

- identify key points and specific details in short texts

**Higher**

- as Foundation, also recognise points of view, attitudes, emotions and draw conclusions

**2 Foundation**

- cope with short texts from different contexts and styles e.g. signs, notices, ads, extracts from brochures, letters, magazines, emails, etc.

**Higher**

- as Foundation, also cope with longer, more complex and imaginative texts with some unfamiliar language

**3** read texts and do tasks, following instructions in English. Most tasks require you to tick or write a letter in a box, some require short answers in English.

**Examples of instructions:**

**Foundation**

- Match the words with the pictures.
- Choose a word from the list to fill the gap.
- Link the sentences together.
- Choose four sentences which are correct.
- Choose the correct person. Write their initials in the box.

**Higher**

- Write **P** if you think someone has a positive attitude, **N** they have a negative attitude. Write **P/N** if they have a mixed attitude.
- If you think a sentence is true, write **T** in the box. If you think it is false, write **F** in the box. If you think the information is not in the text, write **?** in the box.
- Answer the questions in English.

**4** concentrate on your exam paper for a certain amount of time!

There are five tasks. Some boards have them going from simple to more difficult (e.g. AQA, OCR) and other boards mix the order (e.g. Edexel).

| Foundation | 30/35 minutes |
|---|---|
| Higher | 45/50 minutes |

## B Exam tips

**1** If it is a lengthy reading passage, read it through once to get the gist of it before working on the actual questions.

**2** Look out for how many marks each question has – if there is more than one mark, then you'll need to give more than one bit of information in your answer.

**3** Watch out for the tenses in the reading passages and answer accordingly. You'll come across present, past and future tenses, so go into the exam prepared to recognise these.

**4** No dictionaries are allowed! There may be words you don't understand but don't panic! Concentrate on those that are essential to answer the question(s).

**5** Use visual clues, photos or illustrations, to make sense of the text. Also, use the context and other words in the sentence to guess the meaning of words you are not familiar with.

**6** What you know about grammar can help you make intelligent guesses.

Is the unknown word a noun? a verb? an adjective? etc.

**7** If you're not sure of an answer, leave it and come back to it at the end. Try and leave time at the end to go over and double-check your answers.

## C Model answers

**Foundation: 1** e, **2** a, **3** d, **4** g

**Higher: 1** Anaïs; **2** not enough time/needs to concentrate on school work; **3** tiring/well paid; **4** talking to people/nice boss

## >> Writing

Here are some examples of written assessment tasks:

### Topic area: Lifestyle

There are plans to open another fast food restaurant in the town where your French penpal lives. He asks you to help him write **a letter** to the local newspaper expressing his views against the idea.

Here are some ideas of what you could include:

**Grades G–E:**

- importance of eating healthy food
- problems caused by fast food

**Grades D–C:**

- what teenagers tend to eat
- what they should eat

**Grades B–A\*:**

- types of restaurant which should be encouraged
- how to educate teenagers to eat healthily.

### Topic area: Leisure

Choose a film you saw recently and write **a review** of it on your blog.

Here are some ideas of what you could include:

**Grades G–E:**

- basic info (title, director, actors, etc.)
- main characters and synopsis

**Grades D–C:**

- more detailed description of characters and plot
- your opinion

**Grades B–A\*:**

- what you liked, disliked about it
- comparison with other films (same genre, same director) or with the book (if based on a book).

### Topic area: Home and environment

You have spent a week in a French town/region. Write **an article** about it for the newsletter of your French partner school, comparing it to the place where you live.

Here are some ideas of what you could include:

**Grades G–E:**

- a short description of the town/region's main attractions/facilities
- your impression of the place and elements of comparison with where you live

**Grades D–C:**

- more details of facilities available to the residents/visitors
- more comprehensive comparison with where you live, your preferences and why

**Grades B–A\*:**

- greater focus on cultural/lifestyle differences with the place where you live
- whether you would recommend a visit to that place (or not) and why.

### Topic area: Work and education

There's an opportunity to shadow (a) a student in the university of your choice or (b) an apprentice on his/her apprenticeship. Choose and write **a letter** explaining why you'd like to be considered for it.

Here are some ideas of what you could include:

**Grades G–E:**

- personal details and education so far
- simple reasons why you'd like to do the shadowing

**Grades D–C:**

- your plans for the future
- how this shadowing can help you achieve these plans

**Grades B–A\*:**

- why you think you're the best candidate for this
- whether you think this should be offered to all students and why.

## A  What will I be expected to do?

Exam boards vary slightly but all will require you to:

- produce two writing tasks (or a maximum of four shorter ones), with up to 200–350 words across the two tasks (grades G–D) or 400–600 words (grades C– A*). Tasks are not divided into Foundation or Higher. Your grade will be based on the quality of what you write.

- prepare the tasks in about two hours, under supervision, using reference materials – dictionaries, internet resources and course books and making notes.

- write for different purposes, so you can choose between e.g. a letter or email, a report, an article, a story, an interview, a blog entry, etc.

- complete the final writing task, under supervision, in 30–60 minutes per task.

## B  Exam tips

### Preparing

1  As you are able to use your reference material to prepare for the task, make sure you keep it organised!

2  Make notes summarising your main ideas and language you need.

### Writing

3  Make absolutely sure that your handwriting is clear and legible.

4  Make sure you do everything the task asks for, and cover all the bullet points if you are provided with some.

5  To achieve a good grade, make sure you have given interesting information and have provided your opinion.

6  Show off your knowledge of tenses: use verbs in the present, past and future tenses.

7  Use a variety of structures. Make longer sentences by using link words and conjunctions – et, mais, par contre, etc.

8  Leave some time to check your spelling, accents and grammar. Check adjectival agreements (masculine, feminine, singular, plural), verb endings, tenses, pronouns, etc.

## C  Model answer

### Topic area: Leisure

Choose a film you saw recently and write a review of it on your blog.

*Un de mes films préférés, c'est* Twilight – Fascination. *C'est un film américain avec Robert Pattinson et Kristen Stewart. C'est l'histoire d'une jeune fille de 17 ans qui s'appelle Bella. Ses parents sont divorcés et elle vient vivre avec son père dans une petite ville. Elle va au lycée et elle rencontre un garçon très beau mais très étrange, Edward Cullen. Bella tombe amoureuse d'Edward. Elle découvre le secret d'Edward et de sa famille: ce sont des vampires – mais ils ne boivent pas le sang des humains. Bella va vivre beaucoup d'aventures et de dangers avec Edward. J'ai beaucoup aimé ce film.*

For a higher grade, add:

*J'ai trouvé ce film passionnant parce que l'histoire est originale. J'ai aussi apprécié les effets spéciaux. Par contre, je n'ai pas aimé le maquillage des vampires: ils étaient trop blancs! Je pense que les acteurs étaient fantastiques: ils sont exactement comme j'imaginais les personnages quand je lisais le livre de Stephenie Meyer. Personnellement, j'ai préféré le film parce que j'ai trouvé le livre un peu long. J'irai voir tous les autres films de la série quand ils sortiront! Je vous les recommande!*

# Complete the grammar

- Fill in the gaps as you revise to test your understanding.

- You could photocopy these pages if you wanted to do this more than once.

- You'll also end up with a concise set of notes on key grammar.

- Check your answers on page 96.

## The and a

Fill in the blanks to complete the French words for 'the' and 'a'.

masculine nouns:  | le | = 'the'  |   | = 'a'

feminine nouns:  |   | = 'the'  |   | = 'a'

nouns beginning a, e, i, o, u, h |   | = 'the'

plural nouns: |   | = 'the'

## Avoir and être

Complete the parts of *avoir* (to have) and *être* (to be) and check on page 4 to see if you have got them right.

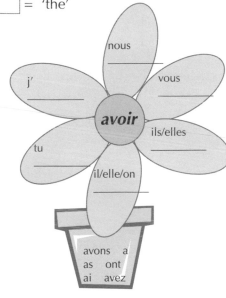

## Regular verb endings

Complete the verbs and check on page 9 to see if you have got them right.

|   | 'er' verb – porter (*to wear*) | 'ir' verb – finir (*to finish*) | 're' verb attendre (*to wait*) |
|---|---|---|---|
| je | port _e_ | fini ___ | j'attend ___ |
| tu | port ___ ___ | fini ___ | attend ___ |
| il/elle/on | port ___ | fini ___ | attend |
| nous | port ___ ___ ___ | fini ___ ___ ___ ___ | attend ___ ___ ___ |
| vous | port ___ ___ | fini ___ ___ ___ | attend ___ ___ |
| ils/elles | port ___ ___ ___ | fini ___ ___ ___ ___ | attend ___ ___ ___ |

## Four irregular verbs

Complete these irregular verbs and check on page 41 to see if you have got them right.

|  | aller (*to go*) | faire (*to do*) | vouloir (*to want*) | pouvoir (*to be able to*) |
|---|---|---|---|---|
| je | vais |  |  |  |
| tu |  | fais | veux |  |
| il/elle/on |  |  |  | peut |
| nous | allons |  |  |  |
| vous |  | faites |  | pouvez |
| ils/elles |  |  | veulent |  |

## Adjectives

**1** Put the adjectives below in the right column.

| masculine singular | feminine singular | masculine plural | feminine plural |
|---|---|---|---|
| *grand* | *grande* | *grands* | *grandes* |
|  |  |  |  |
|  |  |  |  |
|  |  |  |  |

blanche   beaux   vieux

beau   vieilles   blanches

nouveau   vieille   belles

nouvelle   vieux   nouvelles   belle

blanc   nouveaux   blancs

**2** Can you fill in the forms of *petit, intelligent* and *bleu* now?

## My, your, his/her, etc.

Complete the grid with the words in the bag (right).

| | m. singular | f. singular | plural |
|---|---|---|---|
| my | mon (oncle) | ma (tante) | mes (cousins) |
| your (tu) | | | |
| his/her | | | |
| our | | | |
| your (vous) | | | |
| their | | | |

tes   vos  leurs
votre  leur  notre
ton  ma  sa  mes
ta  notre  leur
votre  nos
ses  son  mon

## Du, de la, des

How would you ask for 'some' of these things? Complete the blanks with *du, de la, de l'* or *des*.

le poulet → [ du ] poulet

le jambon → [ ] jambon

la limonade → [ ] limonade

le beurre → [ ] beurre

les cerises → [ ] cerises

les baguettes → [ ] baguettes

les abricots → [ ] abricots

l'eau minérale → [ ] eau minérale

l'ananas → [ ] ananas

## This and these

How would you say 'this/these' in these sentences? Complete the blanks with *ce, cet, cette* and *ces*.

le manteau → J'aime [ ce ] manteau.

le pantalon → J'adore [ ] pantalon rouge.

l'anorak (m) → Je n'aime pas [ ] anorak.

l'imperméable (m) → J'ai acheté [ ] imperméable à Paris.

la robe → [ ] robe est trop petite.

la jupe → [ ] jupe est très jolie.

les baskets → [ ] baskets sont trop chers.

les pantoufles → Je déteste porter [ ] pantoufles.

## Pronouns

What do these pronouns mean in English?

je → | I |
tu → | |
il → | |
elle → | |
on → | |
nous → | |
vous → | |
ils → | |
elles → | |

## Reflexive pronouns

Fill in the missing pronoun each time.

je | me | lave (*I wash*)
tu | | laves (*you wash*)
il/elle/on | | lave (*he/she/one washes*)
nous | | lavons (*we wash*)
vous | | lavez (*you wash*)
ils/elles | | lavent (*they wash*)

## Four tenses

**Higher**

Complete the flow chart to show the forms of *être* (to be), *avoir* (to have), *faire* (to make) and *aller* (to go) in four tenses.

| Present tense | Perfect tense | Imperfect tense | Future tense |
|---|---|---|---|
| je suis → | j'ai [ ] → | j'étais → | je serai (je vais [ ] ) |
| [ ] → | j'ai eu → | [ ] → | [ ] (je vais avoir) |
| je fais → | j'ai [ ] → | [ ] → | je ferai (je [ ] ) |
| je vais → | je suis [ ] → | [ ] → | [ ] (je vais aller) |

## Future expressions

Complete the French for these expressions, used to talk about the future.

tomorrow → | demain |
the day after tomorrow → | |
the next day → | |
in the future → | |
next summer → | |
next week → | |

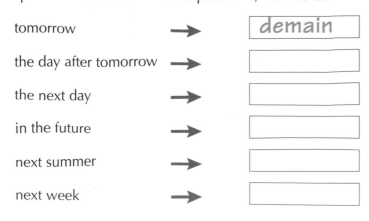

le lendemain

la semaine prochaine

après-demain

demain     à l'avenir

l'été prochain

# The perfect tense

## Past participles

**1** Complete this chart to show how to form past participles.

| | | | | | |
|---|---|---|---|---|---|
| **er verb**: écou**ter** | → | écou**ter** | → | é | = [blank] |
| **ir verb**: fin**ir** | → | fin**ir** | → | i | = [blank] |
| **re verb**: descen**dre** | → | [blank] | → | u | = *descendu* |

**2** Complete this grid with past participles. Watch out for the irregular ones marked *.

| | + avoir | | + être |
|---|---|---|---|
| avoir* (*to have*) | j'ai eu | aller (*to go*) | je suis allé(e) |
| écouter (*to hear*) | | arriver (*to arrive*) | |
| jouer (*to play*) | | entrer (*to enter*) | |
| faire* (*to do*) | | partir (*to leave*) | |
| manger (*to eat*) | | rester (*to stay*) | |
| boire* (*to drink*) | | tomber (*to fall*) | |
| écrire* (*to write*) | | monter (*to go up*) | |
| lire* (*to read*) | | descendre (*to go down*) | |
| prendre* (*to take*) | | venir* (*to come*) | |
| voir* (*to see*) | | me laver (*to wash*) | |

**3** Complete the French for these expressions, used to talk about the past.

| | | |
|---|---|---|
| yesterday | → | hier |
| the day before yesterday | → | [blank] |
| before | → | [blank] |
| in the past | → | [blank] |
| last Saturday | → | [blank] |
| last year | → | [blank] |
| last summer | → | [blank] |

dans le passé

samedi dernier   avant

hier   l'été dernier

l'année dernière

avant-hier

## Verbs with an infinitive

Make nine sentences from this grid.

| | | | | |
|---|---|---|---|---|
| J'adore (*I love*) | | lire | | la télé |
| J'aime (*I like*) | | aider | | de la musique |
| Je déteste (*I hate*) | | aller | | du café |
| Je n'aime pas (*I don't like*) | | jouer | | au cinéma |
| Je voudrais (*I'd like to*) | | écouter | | des chips |
| J'aimerais bien (*I'd like to*) | | faire | | des romans |
| Je vais (*I'm going to*) | | manger | | à la maison |
| J'ai l'intention de (*I intend to*) | | boire | | mes devoirs |
| Il me faut (*I have to*) | | regarder | | aux cartes |

# Answers

## Lifestyle

### Personal details

**A Personal information (p. 4)**

1 1f, 2c, 3e, 4b, 5a, 6d, 7h, 8g

**B My family (p. 4)**

1 mère – mother, beau-père – step-father, sœur – sister, demi-frère – half-brother, parents – parents

**C Describing people (p. 5)**

1 aP, bN, cN, dP, eP+N, fN, gN, hP+N

**Practice questions (p. 5)**

responsible, obliging, intelligent, polite, friendly (amicable)

### Healthy living

**Practice questions (p. 7)**

a5, b7, c8, d6, e1, f9, g3, h2, i4

**A Healthy/unhealthy (p. 8)**

1 1b, 2c, 3c, 4b

**B Teen health (p. 9)**

1F, 2A, 3L, 4G, 5A, 6G

### Sport

**Practice questions (p. 11)**

a basket, b vélo, c ski, d football, e tennis de table, f natation, g voile, h tennis

**A Sports I do or don't do (p. 12)**

1 je fais du judo,
2 je ne fais pas de ski;
3 je joue au golf,
4 je fais de la gymnastique,
5 je ne fais pas de danse;
6 je joue au rugby;
7 je ne joue pas au basket;
8 je joue au badminton

**B When and for how long? (p. 12)**

sportif: a, b, d, f, g; non-sportif: c, e, h

**C A football player (p. 13)**

a, c, e, g

### Food and drink

**Practice questions (p. 15)**

1 des noix, 2 du poulet, 3 des pâtes, 4 de la bière

**A Food and drink (p. 16)**

**Practice questions (p. 17)**

1 Stéphanie: Pâtisserie – Salon de thé; Sébastien: La Saladine; Damien: Burger-chef

### Teenage issues

**Practice questions (p. 19)**

a3, b6, c4, d1, e5, f 2

**A Teen issues (p. 20)**

3 a Jean-Philippe, Vincent, Yasmine, b Yasmine, c Vincent, d Vincent, e Isabelle, f Isabelle, g Jean-Philippe

**Practice questions (p. 21)**

1b, 2b, 3a

## Leisure and travel

### Free time

**Practice questions (p. 23)**

a écouter; b Internet; c vais; d avec; e soir: f club; g beau; h magasins

**A Hobbies (p. 24)**

1e, 2d, 3a, 4b, 5c

**C Question words (p. 25)**

student's own, typical examples:
1 Quel est ton passe-temps préféré?,
2 Tu joues quand?,
3 Avec qui?
4 Tu joues où?
5 Pourquoi aimes-tu jouer aux cartes?

### Media

**Practice questions (p. 29)**

- Trois places pour salle deux, s'il vous plaît.
- Il y a des réductions pour les enfants?
- Alors, ça fait vingt-quatre euros.
- Il commence à dix-sept heures vingt.
- Il finit à dix-neuf heures quarante-cinq.
- C'est en français.

## Shopping and fashion
### A Know your numbers (p. 32)

a La veste coûte soixante-deux euros.
b Le jean coûte quatre-vingt-cinq euros.
c La robe coûte quatre-vingt-dix-neuf euros.
d Les sandales coûtent soixante-dix euros.
e Le manteau coûte cent dix euros.
f Les chaussures coûtent soixante-douze euros.

### B Describing clothes (p. 32)

1 jupe, chaussures, blouson, robe, chemise, pantalon

### C What I wear (p. 33)

2 **Morgane**: a, b, d, g; **Loïc**: c, e, f; **Both**: h

## Holidays
### Practice questions (p. 35)

1b, 2c, 3a

### A At the campsite (p. 36)

1c, 2b, 3a, 4b, 5c

### C Holiday forum (p. 37)

a past holidays
b in August, to a campsite near Torquay in south-west
  England, at the seaside
c they went through the tunnel/it was long
d they like being outdoors, it's not expensive
e she's never been but she would like to go
f her grandparents
g she had to visit a castle or museum every day
  and she is no good at history
h stays at home because his parents don't like
  travelling
i by coach, visited the important monuments

## Getting around
### Practice questions (p. 39)

a treize heures vingt
b dix-neuf heures cinq
c vingt et une heures trente
d vingt-trois heures quinze
e quatorze heures cinquante-cinq
f seize heures quarante quatre
g dix-huit heures dix
h vingt heures dix-neuf

### A Towns and countries (p. 40)

Je suis allé(e) au Japon, en Angleterre, en Australie, à
Londres, à Moscou, en Espagne, à Rome, au Portugal,
en Algérie.

### B How I travel (p. 40)

1 car/bike; 2 a motorbike; 3 not so tiring as a bike,
and faster; 4 bus or train; 5 more expensive than bus;
6 longer than train

### C Advantages and disadvantages (p. 41)

1 cher/économique
  confortable/inconfortable
  lent/rapide
  écolo/pollue l'environnement
  facile/dur
  il faut attendre/il ne faut pas attendre
  individuel/en commun

## Home and environment

### My home
### Practice questions (p. 43)

a le lit
b l'appartement
c la douche
d le tapis
e l' escalier
f la cuisine
g le jardin
h la salle de bains
i la fenêtre
j le premier étage

### A Opinions about your home (p. 44)

1 positive: a, e, f, h
  negative: b, c, d, g

### B My house (p. 45)

2 a in the suburbs of Montpellier
  b a lawn and flowers
  c on the ground floor
  d pretty, white walls and blue carpet, large
  e her half sister/step sister Marion
  f listen to music, play on the computer, watch DVDs

### Special occasions
### Practice questions (p. 47)

a Noël; b le Nouvel An; c la Saint-Sylvestre;
d la Saint-Valentin

### A Special occasions (p. 48)

mariage, boum, anniversaire, Pâques, Noël

### B Which occasion? (p. 48)

2 **Noël**: e; **Pâques**: b, d, f;
  **un festival de musique**: a, c, g

### My town
### Practice questions (p. 51)

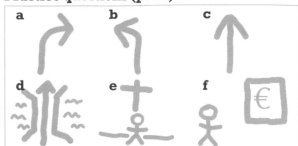

**A Signs (p. 52)**

2  1b, 2a, 3f, 4d, 5e, 6c

**B Town centre (p. 53)**

2  1c, 2a, 3a, 4b, 5c, 6c

**Practice questions (p. 53)**

E.g.: Va à gauche et au supermarché prends la première rue à droite. Continue tout droit et prends la deuxième à droite, après un café. Continue jusqu'aux feux. Tourne à droite aux feux. C'est ma rue et ma maison est sur ta droite.

## Environmental issues

**B Phrases for discussing issues (p. 56)**

1f, 2a, 3g, 4b, 5d, 6c, 7e, 8h

**C An environmental action (p. 57)**

2  **a** because she has just joined an environmental group at school,
   **b** recycling,
   **c** the canteen,
   **d** take them into the school playground when they are full,
   **e** every day,
   **f** help to clean the school playground

# School and jobs

## School

**A All about school (p. 60)**

3  1c, 2f, 3d, 4e, 5g, 6a, 7b

**B Time (p. 60)**

Il est … **a** douze heures et quart, **b** trois heures moins cinq, **c** huit heures et demie, **d** onze heures moins cinq, **e** huit heures vingt, **f** dix heures dix, **g** quatre heures moins le quart, **h** une heure.

**C My school (p. 61)**

2  **a** modern/well-equipped,
   **b** science lab/music or art room/library,
   **c** sport centre/swimming pool/gymnasium/football ground/tennis court,
   **d** 7.30 am,
   **e** sport/science,
   **f** French/English,
   **g** poor discipline/bullying

## Studies

**A My plans (p. 64)**

1  **a** Lou, **b** Léa, **c** Lucas, **d** Théo, **e** Chloé, **f** Hugo

**B Mapping the future (p. 65)**

2d, 3g, 4e, 5f, 6c, 7b

## Jobs and money
**Practice questions (p. 67)**

**a** ferme, **b** courrier, **c** serveur, **d** téléphone, **e** classement

**A Part-time jobs (p. 68)**

**tick**: 2, 4, 6

**B Job adverts (p. 69)**

2  Virginie 1, Julie 3, Matthieu 2

## Future career
**Practice questions (p. 71)**

1  1e, 2b, 3f, 4a, 5c

**B Applying for a job (p. 73)**

1e, 2b, 3l, 4f, 5c, 6g, 7i, 8k, 9j, 10n, 11m, 12h, 13d, 14a

# Listening

**A School subjects (p. 74)**

2  French, Maths, Science, History/Geography, Art, English, PE, Spanish

**B Family (p. 75)**

1a, 2c, 3b, 4a, 5b, 6c, 7c

**C Buying a train ticket (p. 76)**

**a** aller-retour, **b** vingt-deux, **c** prochain, **d** onze, **e** merci

**D Holidays (p. 76)**

**a** Spain, **b** her parents, **c** staying at home/in Paris, **d** go skiing/to the Alps, **e** London, **f** next year

**E Hobbies (p. 77)**

1  a, b, d, e, g

**F At home (p. 77)**

1a, 2b, 3c, 4c, 5a

**G Jobs (p. 78)**

| | at leisure centre | at chemist's | as a waiter | not boring | really boring | gets tired | Saturday only | long hours | well paid |
|---|---|---|---|---|---|---|---|---|---|
| Guy | ✔ | | ✔ | | ✔ | ✔ | | ✔ | |
| Isabelle | | ✔ | | ✔ | | | ✔ | | ✔ |

**H Environment (p. 78)**

**a, b, f, g**

**I Transport (p. 79)**

2  1a, 2e, 3f, 4c

## J Answerphone message (p. 79)

1 **1**b, **2**b, **3**c, **4**a, **5**c, **6**b

2 06 65 32 14 98

## K Teen life (p. 80)

**1** a/c/e, **2** c/e, **3** b/e, **4** a/b, **5** b/c/d

## L Holidays (p. 80)

**1** six weeks
**2** any 3 from: going out with friends/reading books/
listening to music/watching
**3** Australia
**4** any 2 from: surfing/watching kangaroos/koalas/
spending Xmas on beach
**5** France/Loire Valley
**6** visiting chateaux and boat trip

## M Fame (p. 81)

**1** singer (in a band);
**2** her privacy;
**3** the media;
**4** a TV presenter;
**5** earn a lot of money;
**6** money

## N My town (p. 81)

**1** any 2 from: industrial town/centre of England/
100 000 inhabitants;
**2** any 3 from: cinema/skating rink/park/discos/
swimming pool/shopping centre;
**3** any 2 from: cathedral/museum of modern art/
theatre;
**4** went to the cinema/ate in a café;
**5** any 3 from: calmer/less noise/less traffic/closer to
nature/less polluted air;
**6** to do windsurfing/to go to the beach/lots of activities
for young people

## Complete the grammar
### The and a (p. 91)

le/un, la/une, l', les

### Adjectives (p. 92)

**1** grand, grande, grands, grandes;
blanc, blanche, blancs, blanches;
beau, belle, beaux, belles;
vieux, vieille, vieux, vieilles;
nouveau, nouvelle, nouveaux, nouvelles;
petit, petite, petits, petites;
intelligent, intelligente, intelligents, intelligentes;
bleu, bleue, bleus, bleues

### My, your, his/her, etc. (p. 93)

mon, ma, mes;
ton, ta, tes;
son, sa, ses;
notre, notre, nos;
votre, votre, vos;
leur, leur, leurs

### Du, de la, des (p. 93)

du poulet, du jambon, de la limonade, de beurre, des
cerises, des baguettes, des abricots, de l'eau minérale,
de l'ananas

### This and these (p. 93)

ce manteau, ce pantalon rouge, cet anorak, cet
imperméable, Cette robe, Cette jupe, Ces baskets, ces
pantoufles

### Pronouns (p. 94)

*je* I, *tu* you, *il* he or it, *elle* she or it, *on* one, we or
people, *nous* we, *vous* you (plural or polite),
*ils* they (m.), *elles* they (f.)

### Reflexive pronouns (p. 94)

*je* me, *tu* te, *il/elle/on* se, *nous* nous, *vous* vous,
*ils/elles* se

### Four tenses (p. 94)

je suis, j'ai été, j'étais, je serai (je vais être);
j'ai, j'ai eu, j'avais, j'aurai (je vais avoir);
je fais, j'ai fait, je faisais, je ferai (je vais faire);
je vais, je suis allé(e), j'allais, j'irai (je vais aller)

### Future expressions (p. 94)

demain, après-demain, le lendemain, à l'avenir, l'été
prochain, la semaine prochaine

### The perfect tense (p. 95)

**1** écouté, fini, descendre

**2** j'ai eu, j'ai écouté, j'ai joué, j'ai fait, j'ai mangé,
j'ai bu, j'ai écrit, j'ai lu, j'ai pris, j'ai vu

je suis allé(e), je suis arrivé(e), je suis entré(e),
je suis parti(e), je suis resté(e), je suis tombé(e),
je suis monté(e), je suis descendu(e), je suis venu(e),
je me suis lavé(e)

**3** hier, avant-hier, avant, dans la passé, samedi dernier,
l'année dernière, l'été dernier

# Transcripts

## A    School subjects (p. 74)

**Paul**: Qu'est-ce que tu fais comme matières?

**Claire**: J'étudie le français, les maths, les sciences, l'histoire-géo, le dessin, l'anglais, l'EPS et l'espagnol.

**Paul**: Tu aimes les langues?

**Claire**: Oui, mais ma matière préférée est le dessin parce que le prof est très drôle. Et toi?

**Paul**: Je préfère les sciences mais je déteste les langues. Je suis nul en langues!

## B    Family (p. 75)

Je m'appelle Nicole. J'ai quinze ans et j'habite avec ma famille à Lille, dans le nord de la France. J'ai deux soeurs. Ma soeur jumelle s'appelle Camille. Elle est gentille et amusante. J'ai une demi-soeur qui s'appelle Florence. Elle est très intelligente mais un peu paresseuse. Mes parents s'appellent Alain et Sylvie. Mon père est calme et sympa, mais ma mère est très sévère!

## C    Buying a train ticket (p. 76)

**Homme**: Oui, madame?

**Femme**: Un aller-retour pour Lyon en deuxième classe, s'il vous plaît.

**Homme**: Voilà madame. Ça fait vingt-deux euros, s'il vous plaît.

**Femme**: À quelle heure part le prochain train?

**Homme**: Il part à onze heures du quai numéro cinq.

**Femme**: Merci monsieur! Au revoir.

## D    Holidays (p. 76)

**Sébastien**: Où vas-tu en vacances, Lucille?

**Lucille**: Cette année, je vais en Espagne avec mes copains, mais l'année dernière je suis allée aux États-Unis avec mes parents. C'était extra! Et toi, où vas-tu?

**Sébastien**: Cet été, je reste à la maison à Paris parce qu'on va dans les Alpes en hiver pour faire du ski. L'année prochaine, j'aimerais aller à Londres avec mes amis.

**Lucille**: Moi, l'année prochaine, je vais aller en Grèce. Il fait beau en général et on peut bronzer!

## E    Hobbies (p. 77)

– Tu aimes regarder la télé?

– Oui, j'aime regarder la télé. Je regarde souvent la télé.

– Tu as une émission préférée?

– J'adore les dessins animés. Je trouve que c'est amusant et relaxant!

– Tu vas souvent au cinéma?

– Je vais au cinéma deux fois par mois. J'aime les films romantiques et les comédies.

– Qu'est-ce que tu as vu au cinéma récemment?

– J'ai vu un film d'action. C'était bien parce qu'il y avait beaucoup de cascades.

– Tu aimes faire du sport?

– J'aime jouer au basket avec mes amis et faire du vélo. Je n'aime pas jouer au foot. C'est ennuyeux!

– Qu'est-ce que tu aimes comme musique?

– J'adore la musique pop parce que c'est bien pour danser!

– Tu aimes faire les magasins?

– J'adore faire du shopping avec mes amies. En général, j'achète des vêtements et des chaussures!

– Merci.

## F    At home (p. 77)

– J'habite à Taunton depuis dix ans. C'est une ville qui se trouve dans le sud-ouest de l'Angleterre.

– Tu habites dans un appartement?

– Non, j'habite dans une assez grande maison.

– Il y a combien de pièces chez toi?

– Il y a quatre chambres, deux salles de bains, un salon, une cuisine, une salle à manger et un grand jardin.

– Comment est ta chambre?

– Ma chambre est assez petite. Dans ma chambre, il y a un lit, un bureau, une chaise, une armoire et une commode. J'aime ma chambre parce qu'il y a une belle vue.

– Qu'est-ce que tu fais pour aider tes parents à la maison?

– Je fais mon lit tous les jours et je range ma chambre chaque semaine. J'aide à faire la cuisine. Hier soir, j'ai fait le repas. On a mangé du poulet avec des frites. C'était délicieux!

– Merci.

## G    Jobs (p. 78)

**Guy**: Je m'appelle Guy. Je travaille dans un centre de loisirs tous les week-ends. Je suis serveur dans un café. C'est très monotone. Et toi?

**Isabelle**: Je travaille dans une pharmacie. Mon métier n'est pas du tout ennuyeux. Il y a toujours beaucoup de choses à faire.

**Guy**: Au travail, on commence très tôt le matin et on finit assez tard. Quand je rentre à la maison, je suis très fatigué.

**Isabelle**: J'ai de la chance. Je ne travaille que quatre heures le samedi et je suis bien payée!

## H    Environment (p. 78)

– Qu'est-ce qu'on peut faire pour protéger notre planète?

On peut tous faire des choses pour aider notre planète. À la maison, il faut éteindre la lumière quand on quitte une pièce. Tous les jours, on peut économiser de l'eau quand on se brosse les dents. On peut aussi prendre une douche au lieu d'un bain.

Au supermarché et dans les magasins, il faut refuser les sacs en plastique et ne pas acheter de vaporisateurs pour protéger la couche d'ozone. Bien sûr, on peut tous faire des trajets courts en vélo et c'est aussi bon pour notre santé!

## I    Transport (p. 78)

Je n'aime pas prendre le métro parce qu'il y a toujours du monde. On ne trouve jamais de siège. Quand il y a des embouteillages, ça peut prendre des heures si on y va en voiture. L'avion me fait peur à cause des terroristes, mais si on veut faire de longs voyages, c'est le moyen le plus efficace et le plus facile. Pour l'environnement, c'est mieux d'aller à pied, mais c'est seulement pratique pour des voyages courts.

## J    Answerphone message (p. 79)

– Bonjour! Vous êtes bien à l'Agence Marine. Nous ne sommes pas là pour le moment, mais veuillez laisser un message après le bip sonore. Merci.

**Jacques**: Bonjour, Jacques Ducasse à l'appareil. J'ai un rendez-vous à dix heures avec Madame Cachin. Malheureusement, ma voiture est tombée en panne. Il n'y a pas de taxis alors je vais prendre le bus. Je vais arriver avec environ trente minutes de retard. Voici mon numéro de téléphone, c'est le 06 05 32 14 98 Merci!

## K    Teen life (p. 80)

– Est-ce que tu fumes?

– Je fume depuis deux ans. Je ne voulais pas commencer, mais toutes les filles de ma classe fumaient et elles se moquaient de moi. La première fois, j'ai vomi, mais je m'y suis habituée. Quand je fume, je me sens plus 'adulte'.

– À ton avis, quels sont les plus gros problèmes des jeunes?

– Il y a beaucoup de problèmes chez les jeunes comme par exemple l'alcool, le sida, la drogue, l'anorexie et la boulimie. Je crois qu'il y a trop de pression sur les jeunes. Pour moi, le pire, c'est la drogue parce que ça me fait peur.

– Veux-tu te marier?

– Je ne sais pas. Mes parents sont divorcés alors ce n'est pas très positif. Je suis romantique donc j'aimerais bien tomber amoureuse. Par contre, je préférerais vivre avec mon copain avant de me marier!

– Tu veux avoir des enfants?

– Ça dépend. Avec des enfants, on ne peut plus sortir quand on veut. Il faut s'occuper d'eux tout le temps. Peut-être quand je serai plus vieille.

– Qu'est-ce que tu veux faire plus tard?

– Si j'ai de bonnes notes, j'irai au lycée et puis à l'université. Je ferai une licence de journalisme parce que je voudrais travailler à l'étranger, aux États-Unis par exemple. J'espère que je serai très riche et très heureuse!

– Merci.

## L    Holidays (p. 80)

– Qu'est-ce que tu fais pendant les grandes vacances?

– On a six semaines de vacances en été. En général, je pars en vacances deux semaines avec ma famille. Autrement, je reste à la maison et je sors avec mes amis. Je lis des livres, j'écoute de la musique et je regarde la télé.

– Si tu avais beaucoup d'argent, où voudrais-tu aller en vacances, et pourquoi?

– Je voudrais faire le tour de l'Australie parce que j'aimerais faire du surf sur la plage de Bondi et voir des kangourous et des koalas! Ça serait cool de fêter Noël sur la plage!

– Tu préfères passer les vacances en famille ou avec des amis?

– Les vacances en famille, ça va mais c'est un peu ennuyeux. Je préférerais passer les vacances avec mes copains parce qu'on aime tous les mêmes choses.

– Décris une visite que tu as faite à l'étranger avec ton école.

– L'année dernière, avec mon école, on a passé deux semaines en France dans la vallée de la Loire. Nous avons visité les châteaux et fait un tour en bateau. C'était génial! Et cet été, je vais retourner chez mon correspondant français.

## M    Fame (p. 81)

**Franck**: Tu aimerais être célèbre toi, Martine?

**Martine**: Bien sûr! Je voudrais bien être chanteuse dans un groupe pop!

**Franck**: Vraiment? Tu sais que tu n'aurais plus de vie privée?

**Martine**: Oui, mais ce n'est pas grave, je pense que ça vaut la peine! Tout le monde reconnaîtrait mon visage, je serais célèbre!

**Franck**: Mais tu sais, les médias sont souvent cruels avec les stars!

**Martine**: Ne t'inquiète pas! Et puis, même si je n'ai pas beaucoup de succès comme chanteuse, je trouverai un bon emploi à la télé comme présentatrice. Je gagnerai beaucoup d'argent!

**Franck**: Moi, je préférerais gagner moins et avoir une vie privée! C'est plus important pour moi!

## N   My town (p. 81)

– Où habites-tu?

– J'habite dans une grande ville qui s'appelle Redville. C'est une ville industrielle située dans le centre de l'Angleterre. Il y a environ cent mille habitants.

– Qu'est-ce qu'il y a pour les jeunes dans ta région?

– Il y a un cinéma, une petite patinoire, un grand parc et des boîtes de nuit. Nous avons aussi une piscine et un grand centre commercial pour faire les magasins.

– Et pour les touristes?

– La cathédrale est très connue et il y a un musée d'art moderne. Beaucoup de touristes visitent le théâtre chaque année.

– Que penses-tu de ta ville?

– À mon avis, c'est une ville très intéressante. Il y a toujours quelque chose à faire et à voir. Le week-end dernier, je suis allé à un concert en ville avec mes amis. Après, on a mangé dans un café qui est ouvert vingt-quatre heures sur vingt-quatre.

– Quels sont les avantages et les inconvénients d'habiter à la campagne?

– À la campagne, la vie est plus calme parce qu'il y a moins de bruit et moins de circulation. On est près de la nature et l'air est moins pollué. Moi, je n'aimerais pas habiter à la campagne parce que la vie est trop tranquille et il n'y a rien à faire.

– Si tu avais le choix, où voudrais-tu habiter et pourquoi?

– Je voudrais habiter dans une grande ville au bord de la mer parce que j'aime faire de la planche à voile et aller à la plage. J'adore aussi la vie en ville car il y a plus d'activités pour les jeunes!

– Merci.

## Exam questions and model answers (p. 82)

### Listening – Foundation

Mon collège s'appelle le Collège de la Côte. On commence à huit heures et on finit à seize heures. Il y a une récré à dix heures qui dure quinze minutes et on déjeune à midi et quart. En général, on a quatre cours le matin et deux cours l'après-midi. Chaque cours dure soixante minutes.

### Listening – Higher

**Examiner**: Quels sont tes passe-temps?

**Student**: J'aime faire beaucoup de choses. J'adore faire de l'escalade. Je collectionne des cartes postales mais ma passion c'est la gymnastique. J'en fais depuis dix ans.

**Examiner**: Pourquoi aimes-tu autant ces activités?

**Student**: J'aime la gymnastique parce que c'est bon pour la santé et j'ai de bonnes copines. Je collectionne des cartes postales parce que c'est intéressant et mon père était facteur. J'adore l'escalade parce que c'est un peu dangereux!

**Examiner**: Que fais-tu normalement le soir?

**Student**: Je rentre à la maison vers quatre heures et je fais mes devoirs tout de suite. Deux fois par semaine, je fais deux heures de gymnastique au centre sportif. Le mardi, je m'entraîne pour l'escalade. Je sors souvent avec mes copains le vendredi soir. On va au cinéma ou dans un bar.

**Examiner**: Qu'est-ce que tu as fait le week-end dernier?

**Student**: Vendredi soir, je suis allée chez une copine parce que c'était son anniversaire. Samedi après-midi, il y a eu une compétition de gymnastique et j'ai gagné! Samedi soir, on est allé au restaurant pour fêter ça. Dimanche, j'ai travaillé, j'ai rangé ma chambre, j'ai fait mes devoirs et j'ai lavé la voiture de mon père!

**Examiner**: Tu as bien aimé ton week-end?

**Student**: J'ai bien aimé vendredi soir et samedi mais pas dimanche parce que je n'aime pas travailler.

**Examiner**: Qu'est-ce que tu feras le week-end prochain?

**Student**: Le week-end prochain, j'irai au centre commercial avec mes amis. J'achèterai une nouvelle robe pour une fête samedi soir chez Julie! On va écouter de la musique, manger et boire, et peut être danser avec des garçons!

**Examiner**: Merci.

# Last-minute learner

- **These six pages give you the most important facts across the whole subject in the smallest possible space.**
- **You can use these pages as a final check.**
- **You can also use them as you revise as a way to check your learning.**
- **You can cut them out for quick and easy reference.**

## Letters and numbers

| | | | | | | | | | | | | |
|---|---|---|---|---|---|---|---|---|---|---|---|---|
| a | ah | f | eff | k | kah | p | pay | u | oo | z | zed | |
| b | bay | g | zhay | l | el | q | koo | v | vay | | | |
| c | say | h | ahsh | m | em | r | air | w | doobler vay | | | |
| d | day | i | ee | n | en | s | ess | x | eeks | | | |
| e | err | j | zhee | o | oh | t | tay | y | ee grek | | | |

| | | | | | | | | | |
|---|---|---|---|---|---|---|---|---|---|
| zéro | 0 | quinze | 15 | soixante-treize | 73 | quatre-vingt-treize | 93 |
| un | 1 | seize | 16 | soixante-quatorze | 74 | quatre-vingt-quatorze | 94 |
| deux | 2 | dix-sept | 17 | soixante-quinze | 75 | quatre-vingt-quinze | 95 |
| trois | 3 | dix-huit | 18 | soixante-seize | 76 | quatre-vingt-seize | 96 |
| quatre | 4 | dix-neuf | 19 | soixante-dix-sept | 77 | quatre-vingt-dix-sept | 97 |
| cinq | 5 | vingt | 20 | soixante-dix-huit | 78 | quatre-vingt-dix-huit | 98 |
| six | 6 | vingt et un | 21 | soixante-dix-neuf | 79 | cent | 100 |
| sept | 7 | vingt-deux | 22 | quatre-vingts | 80 | cent un | 101 |
| huit | 8 | trente | 30 | quatre-vingt-un | 81 | deux cents | 200 |
| neuf | 9 | quarante | 40 | quatre-vingt-deux | 82 | mille | 1000 |
| dix | 10 | cinquante | 50 | quatre-vingt-trois | 83 | deux mille | 2000 |
| onze | 11 | soixante | 60 | quatre-vingt-quatre | 84 | deux mille dix | 2010 |
| douze | 12 | soixante-dix | 70 | quatre-vingt-dix | 90 | deux mille onze | 2011 |
| treize | 13 | soixante et onze | 71 | quatre-vingt-onze | 91 | deux mille douze | 2012 |
| quatorze | 14 | soixante-douze | 72 | quatre-vingt-douze | 92 | deux mille treize | 2013 |

## Calendar

### Days
lundi, mardi, mercredi, jeudi, vendredi, samedi, dimanche

### Months
janvier, février, mars, avril, mai, juin, juillet, août, septembre, octobre, novembre, décembre

### Seasons
le printemps/au printemps    l'été/en été
l'automne/en automne    l'hiver/en hiver

## Greetings and being polite
Salut/Bonjour/Au revoir, Bonsoir/Bonne nuit, Bon voyage! Bienvenue. Bon week-end. Joyeux Noël! Joyeuses Pâques! Bonne fête! Bon anniversaire! Ça va? Ça va bien, merci. Ça ne va pas. S'il vous plaît/ Merci. Je te/vous remercie beaucoup. De rien.

## Writing letters

### Informal letter
- *place and date on right-hand side*: Nantes, le 15 février
- *to a boy* = Cher (Michael/Oliver)
- *to a girl* = Chère (Anna/Rebecca)
- *endings*: grosses bises, amicalement, à bientôt
- ton ami *(from a boy)* /ton amie *(from a girl)*

### Formal letter
- *place and date on right-hand side*: Nantes, le 15 février
- *to a man you know well* = Cher Monsieur X
- *to a woman you know well* = Chère Madame Y
- *to strangers* = Monsieur/Madame
- *ending*: Je vous prie d'agréer, Madame/Monsieur, l'expression de mes meilleurs sentiments.

## Time

### The 12-hour clock
Quelle heure est-il?
Il est une heure. Il est deux/quatre heures. Il est une heure cinq/dix. Il est deux heures et quart. Il est deux heures et demie. Il est trois heures moins le quart. Il est trois heures moins dix/cinq. Il est minuit/midi.

### The 24-hour clock
Il est une heure dix. Il est dix heures quinze. Il est treize heures quarante. Il est seize heures vingt. Il est dix-huit heures. Il est vingt-deux heures trente.

## Colours

| | | | |
|---|---|---|---|
| orange | | rose | |
| bleu(e) | | noir(e) | |
| vert(e) | | blanc(he) | |
| rouge | | jaune | |
| brun(e) | | gris(e) | |
| violet(te) | | | |

## Countries
l'Allemagne, l'Angleterre, la Belgique, le Canada, l'Ecosse, l'Espagne, les Etats-Unis, la France, la Grande-Bretagne, la Grèce, la Hollande, l'Inde, l'Irlande, l'Italie, le Pays de Galles, le Portugal, la Suisse

## Section 1: Lifestyle

### Personal information
Je m'appelle Alex Lonsdale. Ça s'écrit L.O.N.S.D.A.L.E. Je suis britannique/écossais(e)/irlandais(e)/gallois(e). J'ai quinze/seize ans. Mon anniversaire, c'est le 31 mai. Je suis né(e) en 1995.

### Family members
J'ai un frère et une sœur. Mon frère est plus âgé et ma sœur est plus jeune que moi. Je suis l'aîné(e)/fils unique /fille unique. J'habite avec mes parents/mon père/ma mère. Mes parents sont divorcés/séparés. Je m'entends bien avec ma belle-mère/mon beau-père/ mon demi-frère/ma demi-sœur. J'ai un chien/un chat/ un poisson/un lapin.

### Describing people
Mon copain a les yeux bleus/verts /marron. Il a les cheveux bruns/blonds/noirs, courts/longs et frisés/ raides. Il porte des lunettes. Il est petit/grand et assez mince/gros.

### Qualities
J'ai un copain/une copine. Il/Elle est intelligent(e)/ marrant (e)/poli(e), sociable et généreux(euse). Il/Elle est un peu paresseux(euse). On ne se dispute jamais. Il/Elle a le sens de l'humour. Plus tard, je voudrais me marier et avoir des enfants. /Je préfère rester célibataire!

### Healthy living
### Parts of the body
J'ai mal à la tête/au ventre/aux pieds. Je me suis cassé la jambe. Je me suis coupé(e) au doigt.

### Healthy or unhealthy?
 Je suis en bonne santé. Je ne suis pas souvent malade. J'ai une alimentation saine et équilibrée. Je mange cinq portions de fruits et légumes par jour.
Je n'ai jamais fumé. Je ne me droguerai jamais. Je suis accro d'activité physique! Je me lève tard. Je me couche tôt. Je dors bien. Je me détends le week-end.

Je saute des repas. Je mange assez gras. Je fais un régime.
Je fume quelques cigarettes par jour. Je bois un peu d'alcool de temps en temps. Je ne fais pas assez d'exercice.

### How often
toujours > tous les jours > chaque week-end > souvent >(une fois) de temps en temps > rarement > jamais

### Sport
Je fais du vélo/du cheval/du patinage. Je fais de la natation/de la planche à voile. Je joue au football/ tennis. Je vais aux sports d'hiver/à la pêche/à la piscine /au stade. Je vais courir.
Mon sport préféré, c'est le rugby. Je joue dans une équipe. Je m'entraîne tous les jours. J'ai des matchs le samedi. Je participe à des championnats.
Je ne suis pas très sportif/sportive. Je ne fais pas de sport/Je ne fais du sport qu'au collège.

### When and for how long?
le lundi/le samedi; tous les jours/les week-ends; pendant les vacances; deux heures par jour; une fois par semaine; le matin/l'après-midi/le soir; le dimanche matin. Je joue au tennis depuis un an./Je fais du cheval depuis 2002.

### Food and drink
### Fruit 'n veg
un abricot, un ananas, un citron, une banane, une cerise, une fraise, une framboise, une orange, une pêche, une pomme, une poire, du raisin, une tomate. des champignons, un chou-fleur, une carotte, des haricots verts, des petits pois, des pommes de terre, une salade

### Meat, fish and veggie options
la viande: l'agneau, le bœuf, le porc, le poulet, la saucisse, le jambon, le poisson, les fruits de mer, les œufs, les pâtes, les frites, le riz, la soupe, les crudités

### Drinks
les boissons non-alcoolisées, l'eau (du robinet/ minérale), le jus de fruit, le soda, le café, le chocolat (chaud), le thé, la bière, le cidre, le vin rouge/blanc

## Quantities
un paquet de chips; un pot de confiture; une tranche de pain; un morceau de fromage; boîte de chocolats; 500 grammes/un kilo de prunes.
une tasse de thé; un verre de lait; une bouteille d'eau

## Meals
le repas: le petit déjeuner; le déjeuner; le dîner; l'entrée; le plat principal; le dessert

## What I eat or don't eat
Le matin, je mange des céréales et je bois du thé au lait.
Je voudrais une crêpe au sucre. Je vais prendre une glace à la vanille.
C'est délicieux/un peu trop salé/épicé pour moi.
Je n'aime pas les oignons. Je suis allergique au poisson.
Je suis végétarien(ne)/végétalien(ne). Ma religion m'interdit le porc.
Je mange du poisson parce que c'est bon pour la santé.

## Teenage issues
## Relationships
Je ne m'entends pas avec mes parents. Ma famille ne me comprend pas.
Mes parents sont trop sévères. On se dispute souvent
Je n'ai pas le droit de sortir. Personne ne me comprend.
Je me sens seul(e). Je suis souvent déprimé(e). Je suis souvent de mauvaise humeur. La chose la plus importante dans ma vie, c'est les copains.

## Addictions
La toxicomanie; le tabagisme; l'alcoolisme
Je ne fume. Je ne bois pas d'alcool./Je bois un verre de temps en temps./Je voudrais arrêter de fumer/de boire.
J'ai peur d'avoir le cancer. Je ne veux pas devenir alcoolique. Je suis accro à la télé/aux jeux vidéo/à l'ordinateur/à Internet. Je passe trop de temps sur Facebook/MSN.

## Social issues
la violence; le vandalisme; le racisme; les bandes; les jeunes sans-abris; le chômage; l'exclusion sociale; l'inégalité des chances

## My opinion
Selon/Pour moi …; À mon avis, …; Je pense/crois/trouve que …
Je suis pour /contre …; C'est un vrai problème. Ça m'inquiète/me fait peur. Je trouve ça choquant. Il faut lutter contre …
A mon avis, le racisme est un grand problème/m'inquiète beaucoup.
Il faut lutter contre la pauvreté. Je voudrais aider les personnes défavorisées.

## Section 2: Leisure and travel
### Free time
### Staying in
J'aime/J'adore lire/regarder la télé/regarder un DVD/écouter la radio/écouter de la musique/danser/chanter/dessiner/faire la cuisine/discuter avec mes amis sur Internet/jouer sur ma console/jouer aux cartes/jouer aux jeux de société.
Je déteste jouer du piano/de la guitare.

### Going out
J'aime bien aller à un concert/un club/au cinéma/au parc d'attractions/au bowling/à un match de foot/à la piscine/à la maison des jeunes.
J'aime beaucoup faire du sport/du théâtre/une promenade/une promenade à vélo/les magasins.
Je joue dans un groupe/un orchestre. Je retrouve mes amis/amies.

### Adding detail
Je (sors) le soir/le vendredi/le dimanche/quand j'ai le temps. Je joue dans un groupe avec mes copains/copines. L'hiver, je fais du ski. Quand il fait beau, je vais en ville. Je lis beaucoup, surtout les romans policiers. Je regarde les infos parce que c'est intéressant. J'adore le rap parce que ça me met de bonne humeur.

### Asking someone out
Tu es libre ce week-end? Si on allait au cirque? On va au spectacle/match de foot? Tu veux faire une

excursion/aller à la discothèque? Oui, d'accord.
Je veux bien. Ça ne me dit rien. Je regrette/Je suis désolé(e) mais je ne suis pas libre. On se retrouve où!/à quelle heure? On se retrouve à six heures/chez moi/à la gare/à l'école.

### Media
### Television
Les meilleures émissions sont les documentaires/informations/actualités/émissions de musique/séries/feuilletons. Je n'aime pas les jeux télévisés. J'aime les émissions de sport. Je m'intéresse beaucoup aux émissions de télé-réalité. Je ne regarde jamais les dessins animés.

### Music
Mon chanteur préféré/Mon groupe préféré/Ma chanteuse préférée/Ma chanson préférée, c'est X.
J'aime écouter le rap/la musique pop/rock/classique.
J'écoute la musique sur mon lecteur MP3/mon iPod. J'achète des CD avec mon argent de poche. Je télécharge les chansons que j'aime.

### Cinema
On passe un film d'amour. La séance commence à 19 heures. C'est sous-titré? C'est en version originale/française. J'adore les films comiques. Je déteste les films d'épouvante/d'horreur/d'aventure. Je suis fana des films de guerre.
une vedette de cinéma, un acteur/une actrice, être célèbre/important(e)

Les acteurs étaient excellents. La musique était géniale/nulle. C'était une histoire intéressante/ennuyeuse.

## Books

J'aime lire les romans. Je lis le journal chaque jour. Récemment, j'ai lu un livre de science-fiction. C'était un roman compliqué/difficile. J'adore les bandes dessinées. Un écrivain bien connu. L'histoire n'était pas intéressante. Il s'agissait d'une famille. Ça se passait en Italie. C'était triste/amusant. J'ai beaucoup pleuré/ri. Je l'ai trouvé compliqué. C'était comique/drole/amusant.

## Modern technology

Je voudrais un lecteur MP3/un lecteur DVD/un ordinateur (portable).
le clavier, l'écran, la souris, la connexion Internet haut débit sans fil
Je surfe sur Internet. Je fais des achats sur Internet. J'écris un blog. Je vérifie mes emails tous les soirs. Un (téléphone) portable. Je t'envoie un SMS/un texto. On a la télé numérique/câblée/par satellite. Dans ma chambre, j'ai un ordinateur/une télé/une radio/une console de jeux. J'utilise un ordinateur pour envoyer des emails. Pour savoir ce qui se passe dans le monde, je préfère consulter l'Internet. J'utilise un réseau social (comme Facebook) tous les jours. Pour moi, la vie serait impossible sans mon portable.

## Shopping and fashion
### Shops

Un magasin de sport, une boucherie, une boulangerie, une charcuterie, une confiserie, une pharmacie, un grand magasin, une bijouterie, une boutique, une parfumerie, une pâtisserie, un bureau de tabac, une épicerie, un supermarché, un hypermarché, un centre commercial, une vitrine

### Clothes

les vêtements: le manteau, le jean, le jogging, le pyjama, le T-shirt, le short, le pantalon, le sweat-shirt, le pull, le blouson, le maillot de bain, le chapeau, l'imperméable, la chemise, la jupe, la casquette, la veste, la cravate, la robe, la ceinture, les baskets, les chaussures, les chaussettes, les sandales
les couleurs: noir(e), blanc(he), bleu(e), rouge, jaune, vert(e), orange, rose, brun(e), gris(e), violet(te)

### Buying clothes

Est-ce que je peux vous aider? Je cherche un manteau. De quelle taille/pointure/couleur? En petite/grande taille/en bleu. En 38/en taille moyenne. Est-ce que je peux l'essayer? C'est trop grand/petit. Ça coûte combien? C'est trop cher/bon marché. Je ne l'aime pas. Je n'achète jamais de vêtements de marque. Je préfère le look sport/décontracté. C'est à la mode/démodé. En laine/cuir/coton. Pour aller au lycée, je mets un pantalon avec un pull ou une veste.

## Holidays
### Holiday plans

Pendant les vacances (d'été)/Cette année/L'année prochaine, je vais aller en France. Je vais passer trois jours à Paris. On va voyager en train/en car. Je voudrais aller à la Méditerranée/l'agence de voyages. Cette année, je ne pars pas. Je préfère rester à la maison.

### A past holiday

L'année dernière, je suis allé(e) à Scarborough/en Espagne/à l'étranger. J'y suis allé(e) en voiture/avion/bateau. On a pris le train jusqu'à l'aéroport. C'était un voyage pénible/génial. Je suis resté(e) une semaine/quinze jours/un mois en Irlande. On est allé(s) au bord de la mer/à la montagne/à la campagne. Il faisait beau/mauvais. Il y avait une piscine/un lac. Je suis allé(e) à la plage tous les jours. J'ai nagé dans la mer/visité la cathédrale/un château. J'ai acheté des cartes postales/souvenirs. On a loué des vélos/une voiture. C'était un séjour super/intéressant/sympa. C'était nul/ennuyeux parce que …

### Accommodation

On a logé dans un hôtel trois étoiles. J'ai réservé une chambre double/pour une personne avec salle de bains/douche/balcon pour cinq nuits. Demi-pension/pension complète. Avez-vous une chambre libre? Il y a un ascenseur/parking? Acceptez-vous les cartes de crédit? On a fait du camping. Un camping, un emplacement, une tente, une caravane, un sac de couchage, le bloc sanitaire. Avez-vous une place libre du 6 au 11 août? J'ai passé deux nuits dans une auberge de jeunesse. l'accueil, le dortoir, la salle de jeux
On a loué un gîte. On a logé chez l'habitant. Je suis allé(e) chez mon correspondant français. J'ai passé trois semaines dans une colonie de vacances.

### Eating out

Avez-vous une table pour quatre personnes? Désolé, c'est complet. Vous avez la carte? C'est quoi exactement le couscous? C'est de la semoule avec des légumes. Pour commencer, je prends les fruits de mer. Qu'est-ce que vous désirez comme boisson? Je voudrais un coca/une bière/une bouteille de vin blanc/rouge. Vous prenez un dessert? Pour moi, la tarte aux fraises. L'addition, s'il vous plaît! Je n'ai pas de couteau/fourchette/cuillère. Ce verre est sale. J'ai commandé le poulet, pas le porc. On n'a pas de pain. Ces pâtes sont trop salées.

## Getting around
### Transport

un véhicule, les transports en commun
Je vais au collège à pied/en bus/en voiture/en taxi/en avion. Je suis allé(e) au match à vélo. J'ai pris le train/métro.

### At the station

Un aller simple/retour pour Calais, s'il vous plaît. Première ou deuxième classe? Le train est direct? Il faut changer à Lyon. Le train part de quel quai? Est-ce qu'il faut faire une réservation?

### Problems

Le train a du retard. Je ne peux pas composter mon billet parce que la machine ne marche pas. Je suis perdu(e). J'ai perdu mon portefeuille/mon passeport. On m'a volé mon appareil-photo.

## Section 3: Home and environment

### My home
### Rooms and furniture

la cuisine, la salle à manger, la chambre, la salle de bains, le salon/la salle de séjour, le bureau, les toilettes, la cave, l'escalier, la terrasse, le garage
Dans ma chambre, il y a un lit, une armoire, un placard, un fauteuil, une table, une chaise, des posters, un ordinateur. Mes vêtements sont dans l'armoire. Il y a une lampe sur la table. Dans la cuisine, il y a un four, une machine à laver, un lave-vaisselle, un frigo. Dans la salle de bains, il y a une douche, une baignoire, des toilettes, un lavabo, un miroir.

### My house

J'habite un appartement de six pièces, une maison jumelée/individuelle. Nous avons un grand/petit jardin. La cuisine se trouve au rez-de-chaussée. Il y a trois pièces au premier étage. J'ai ma propre chambre./Je partage ma chambre avec X. Notre bâtiment est vieux/moderne/laid/beau/grand/petit. De ma fenêtre, je vois des arbres/fleurs/champs/une rivière.

### Location

J'habite dans une ville/au centre-ville/dans la banlieue/dans un village/à la campagne/dans une ferme/au bord de la mer/sur la côte.
J'habite dans le nord/le sud/l'est/l'ouest/près de Manchester/à 10 kilomètres de York. Mon quartier est très calme. Il y a beaucoup de bruit ici.

## Special occasions
### Special dates in the French calendar

une fête, le Nouvel An, la Fête des Rois, la Saint-Valentin, le Carnaval, Pâques, le premier avril, la fête des Mères/Pères, le quatorze juillet, Halloween, Noël, la Saint-Sylvestre On fête la Saint-Sylvestre le 31 décembre. un anniversaire, un mariage, une boum/une surprise-party, un festival de musique

### How we celebrate

On chante/danse. On mange des gâteaux. On se fait des cadeaux. On envoie des cartes de vœux. On a trois jours de congé. Il y a un feu d'artifice/défilé. C'est un jour en famille/une fête religieuse/une journée spéciale/un jour férié.

### Last Christmas

On a décoré la maison. On a acheté un sapin. On a envoyé des cartes. J'ai reçu des cadeaux. On est allé(e)s à l'église. On a mangé de la dinde. J'ai fait une bûche de Noël. C'était génial/sympa/ennuyeux. C'était la meilleure journée de l'année.

## My town
### Places in town

Ma ville/La région est jolie/historique/industrielle/touristique. Il y a dix mille habitants.
Dans ma ville, il y a un cybercafé/un commissariat/un hôpital/une poste/une banque/un cinéma/un théâtre/une piscine/un hôtel de ville/une mairie/une gare/un office de tourisme/un syndicat d'initiative/une université/un aéroport/un musée/un château/une église/une gare routière/une bibliothèque/un marché.
Il n'y a pas de librairie, maison de la presse, stade, monument, cathédrale, plage, port.

### The weather

Là où j'habite, en hiver/au printemps/en été/en automne, il fait froid/chaud/beau/mauvais. Il y a du soleil/du vent/des nuages/du brouillard/des averses. Il pleut souvent. Le climat est pluvieux/agréable. Il neige/Il gèle. La température est basse/haute. Hier, il faisait beau et il y avait du soleil. Demain, selon la météo, il fera froid et il y aura des nuages.

### Finding the way

Voici un plan de la ville. Il y a un café au coin de la rue. C'est en face de la mairie/à côté de l'hôpital/près de la plage/derrière/devant le musée/entre la gare et la poste. Où est le commissariat? Pour aller à l'office de tourisme, s'il vous plaît? Est-ce qu'il y a un arrêt d'autobus près d'ici?
Allez tout droit. Prenez la première (rue) à droite. Prenez la deuxième (rue) à gauche. Tournez à droite au rond-point. Aux feux, continuez tout droit. Traversez la place/le pont. C'est assez loin. Ce n'est pas loin. C'est à cinq minutes à pied de chez moi.

## Environmental issues
### In my town

La ville est très polluée. Les trottoirs sont sales. Il y a des déchets partout/trop de circulation/trop de camions sur les routes. Il n'y a pas assez de pistes cyclables. Les embouteillages sont affreux. Les heures d'affluence sont un grand problème.

### Being 'green'

Je suis végétarien(ne). Je vais partout à vélo/à l'école à pied. Je prends les transports en commun. Je respecte la nature. J'ai baissé le chauffage central. J'éteins la lumière quand je quitte une pièce. Je prends une douche, pas un bain. Je porte les boîtes en carton au centre de recyclage. Je trie mes déchets. J'achète des produits équitables. Je choisis les produits bio. Je n'utilise jamais de sacs en plastique. J'évite les produits avec trop d'emballages. On utilise de l'essence sans plomb.
Je ne m'intéresse pas aux problèmes environnementaux.

### Environmental problems and solutions

À mon avis, on utilise trop d'énergie. La qualité de l'air est atroce. La pollution est un problème mondial. Les animaux sont en danger. La pollution de la mer m'inquiète. Les plantes ont besoin de protection. J'ai peur des effets du réchauffement climatique/de la pollution/de la surpêche/du trou dans la couche d'ozone.
Il faut respecter la nature. Il ne faut pas gaspiller l'eau. On doit sauvegarder les animaux. On ne doit pas jeter les cannettes. On devrait conserver l'énergie. On ne devrait pas trop voyager en avion. On a besoin de protéger les forêts. Il est important de consommer local.

## Section 4: School and jobs
## School
### School subjects
Ma matière préférée, c'est les maths/le français. J'aime bien la musique. Je n'aime pas l'histoire. Je déteste l'EPS. Je suis fort(e) en géographie. Je suis nul(le) en chimie. J'aime le français parce que c'est intéressant/facile. Je n'aime pas les maths parce que c'est nul/difficile.

### In school
Je vais dans un collège mixte/une école privée/un lycée. Je suis en troisième. Il y a environ 1000 élèves au collège. Le lycée est grand/moderne/vieux. Les salles de classe sont bien équipées. Les profs sont très sympa/sévères. Mon uniforme est noir et rouge.

### A school day
On a cinq heures de cours par jour. Le premier cours commence à 8h30. Il y a une récréation à 10h15. On a une heure pour déjeuner. Je mange à la cantine. Les cours finissent à 15h30. Je n'ai pas de permanence. Je fais mes devoirs quand je rentre.

### Problems at school
Le règlement du collège n'est pas très strict. La discipline est mauvaise. Les profs donnent trop de colles. On n'a pas le droit d'amener notre portable. On ne doit pas mettre de bijoux/de maquillage. Je m'ennuie en cours. Je ne peux pas me concentrer en cours. L'intimidation est un gros problème au collège. J'ai peur de la violence/du racket au collège. Je suis très stressé(e) quand il y a un test. À mon avis, il y a trop de tests. Je veux changer d'école.

## Studies
### Immediate plans
Cette année, j'étudie dix matières pour le GSCE. En ce moment, je passe beaucoup d'examens. Cette semaine, j'ai des épreuves d'anglais/de maths/de sciences, etc. J'ai des examens écrits/oraux. Je travaille dur pour avoir de bonnes notes. Je voudrais réussir à mes examens. Après les examens, je vais me reposer/partir en vacances avec ma famille/des amis. Je voudrais trouver un petit boulot pour l'été. J'aimerais faire un stage en entreprise.

### Future studies
L'année prochaine, je compte faire quatre AS levels/Je vais préparer le baccalauréat international. Je passerai le bac dans deux ans.
Dans trois ans, je ferai des études supérieures. Si j'ai des bons résultats, j'irai à l'université. J'espère/Je voudrais/Je rêve de/J'envisage de faire des études à l'étranger/de langues/de lettres/de sciences.
Je voudrais avoir une licence/un master. Je préférerais faire des études professionnelles/une formation dans le tourisme/prendre une année sabbatique après le bac/partir à l'étranger.
L'année prochaine, je compte/j'envisage de/j'espère/je préférerais/je vais quitter l'école/faire un apprentissage/trouver un travail.
Je ne sais pas encore ce que je veux faire.

## Jobs and money
### Part-time jobs
J'ai un petit emploi. Je fais du baby-sitting/du jardinage/des courses./Je distribue des journaux/Je lave des voitures/Je travaille comme serveur/serveuse/Je suis vendeur/vendeuse/Je travaille dans un supermarché/J'aide mes parents au magasin. Je travaille trois heures par semaine/le samedi matin/le week-end. Je commence à dix heures et je finis à 15 heures. C'est intéressant/varié/fatigant/ennuyeux.

### Money
Mon job est bien/mal payé. Je gagne six euros de l'heure. J'ai de l'argent de poche avec mes parents. Je suis payé(e) quand j'aide à la maison./J'ai environ 50 euros par mois. Je fais des économies/Je dépense tout mon argent. Je ne suis pas payé(e). Je fais du bénévolat.

### Work experience
J'ai fait/Je vais faire un stage en entreprise.
J'ai utilisé/Je vais utiliser … J'ai fait/Je vais faire … J'ai vendu/Je vais vendre.., Je me suis occupé(e)/Je vais m'occuper de … J'ai répondu/Je vais répondre … Je suis allé(e)/Je vais aller … J'ai observé/Je vais observer … J'ai appris/Je vais apprendre …. C'était/Ce sera une bonne expérience.

### Places of work
J'ai travaillé/Je vais travailler dans une entreprise/un bureau/une usine/un magasin/un supermarché/un cabinet (médical/vétérinaire)/une école/un hôpital/une ferme/un hôtel/restaurant/sur un chantier.

## Future career
### Jobs
un acteur/une actrice; un avocat/une avocate; un infirmier/une infirmière; le chanteur/la chanteuse; un informaticien/une informaticienne; le mannequin; le professeur
Ma mère est secrétaire; Ma sœur cherche un emploi à plein temps/à mi-temps.

### Looking for a job
Je cherche un emploi pour deux mois. Je suis libre tout l'été. Je voudrais travailler avec les enfants/animaux. Je voudrais pratiquer mes langues étrangères. Je suis un(e) candidat(e) idéal(e) parce que je suis sérieux/sérieuse/organisé(e)/sociable/calme/responsable/enthousiaste. Je parle trois langues. J'ai de bons résultats scolaires. Je suis fort(e) en maths, anglais, etc. J'ai de l'expérience. J'ai déjà travaillé/fait un stage en entreprise.
Mon ambition, c'est de travailler comme reporter. Mon métier idéal, c'est pilote parce qu'on voyage beaucoup.

### Pros and cons
C'est l'emploi idéal pour moi/Cet emploi ne m'intéresse pas parce qu'on travaille en plein air/dans un bureau; il faut travailler en équipe/seul; on a des contacts/on n'a pas de contacts avec le public; il y a des/il n'y a pas d'horaires fixes; c'est un emploi permanent/temporaire; le salaire est élevé/bas; on doit/on ne doit pas porter un uniforme.